MEDIA AND
THE GENERATION
OF SOCIETY

From the Perspective of Communicative Action and
Discourse Analysis to Mapping Activities

媒介与社会生成

从交往、话语到行动的绘制

李 敬/著

上海社会科学院出版社
SHANGHAI ACADEMY OF SOCIAL SCIENCES PRESS

本书受上海社会科学院创新工程年度项目资助

目　　录

绪论　批判视野下的社会"生成"

在稳定的、没有战乱和动荡的社会生活中，我们感到社会生活是坚固的、平静的、强大的存在，它"承载"起所有人的活动：为我们提供规范、价值、习惯，也设定秩序、规则和强制，它是外在于个体的"外部实在"，是强大的"社会系统"，个体嵌入社会，社会系统"站在"个体的"对面"，它是如此坚硬的外部世界，个体的行动是那么渺小，被"规定"与"管制"的"温顺的"个体，是一个稳定社会运行的内部画面。

这是典型实证主义（positivistic）理论路径中的社会图景。社会结构是个体不得不面对，并受到强制规定的坚硬的外部世界。社会事实（social reality）是某种像物质一样的东西，它规定、强制、塑造出每个个体的行动。这样的强大、冰冷的社会现实几乎是永恒的，"稳定的秩序"和"秩序的稳定"是实证主义的旨趣，前者是一个名词，是理论的目标，后者是一个动词，是理论的兴趣，因此，社会变迁必然是这种视角的盲区，或者说，它即使不在概念上彻底否定社会变迁的可能性，也仅被限定到微不足道的程度，这种理论工具带来的一个重要问题是，人的行动以及行动所生成的社会后果会被轻视。行动者要么被认为具有高度的目的理性，他们会通过彼此的协调保证利益的均衡，由此人类行动的情境并没有什么可被发挥的空间，"行动变成一种理性地适应这些环境条件的过程"①，人类行动的

---

① Talcott Parsons, *The Structure of Social Action: A Study in Social Theory with Special Reference to a Group of Recent European Writers*, 2 vols., New York and London: Free Press, 1968[1937], pp.63 – 64.

主观性被忽视了；要么行动者干脆被视作彻底无能力的，外部情境具有强制规范的力量，国家社会结构甚至遗传机制都是超越行动者的外部强大秩序，它们控制操纵了行动。人类的行动能力和自由意志被理论概念忽视，以此来解释社会的持存。

这条理论路径无法涵盖到人类行动，也就无法有效解释社会变迁，变迁当然不只是革命运动的结果，它更多的是渗透在日常生活中的、潜移默化的、"润物细无声"的观念的改变。德国观念论的理论传统对之极为重视，但也往往会激进地走向"忽视社会结构"的另一端去，同样失去对行动的有效解释力。社会学的奠基人帕森斯（Talcott Parsons）注意到理论各自存在的问题，进行理论调和，并发展出重要的规范主义功能论，试图兼顾系统与行动的两个面向。帕森斯把行动者视作"行动系统"，复杂的动机被解释为价值影响下的、稳定的、非偶然的、作用于个体与人们之间的行动导向，这是有序的行动，它通过人格内化与制度化的过程，在根本上支撑起"社会系统"。著名的 AGIL（adaptation，goal attainment，integration，latency）模型试图整合行动理论与规范理论，但 L（latency）最终还是占据了理论的中心，行动在根本上是为了系统持存（latency）的功能，行动中冲突的一面被淡化了，冲突的社会后果不在理论视野之中。

规范主义功能论的思想体系为现代社会学打下了扎实的根基，在后续思想家对理论的批评、发展、重新整合中，建造出现代社会学理论的高楼大厦。不过，规范功能论尽管克服了实证主义的一些理论盲区，但理论之光并不能真正照亮人的"行动"，社会系统（social system）被当作某种"硬"的东西，去限定、规范人的"行动"，或者人的行动以对规范的认同与接受为前提，有序的行动再度"汇聚"成社会系统。诠释取向的社会学（interpretative sociology）是 20 世纪五六十年代开始出现的重要观点，其批评规范功能论对行动者施能性的忽视，因为价值与规范并不是什么抽象的东西，它必须经由人的诠释与行动才能被坐落下来。其中象征互动论和常人方法论是很有代表性的两个理论，互动理论汲取了美国实用主义、现象学的资源,认为行动总是在具体的情境中展开,只有"有问题的"、打破常规的情境才会激发人的行动(不是行为),因此行动者不是"刺激—反应"的对象,而是积极主动的、诉求解决问题的人。尤其在米德(George H. Mead)那里,行动理论清晰地指向了主体间性,行动者不再是个别的、孤独的行动者,而是处于与他人的关系之中、彼此沟通着的行动者。常人方法学通过故意破坏信任和规则揭示出行动者所置身的生活世界,各种规范、理解在生活世界的内部悄然流淌,人们浸润于其间,无须去反思和追问它的根据,也不用刻意去明了它的存在。秩序持存并非只来自外部的强行规制,秩序的问题也不是单纯在利益冲突的驱使下才被提交出来,它也在生活世界的内部时刻进行着,在人们日常生活的沟通中得以践行和调整。

"社会"在帕森斯那里等同于"社会系统",而在诠释取向下,社会是"生成中"的。布鲁默(Herbet Blumer)指出,互动论"不会把社会视为一个系统,不管这系统是稳定的、活动的,还是平衡或什么之类。象征互动论会将社会视作大量的联合行动事件,许多联合行动彼此密切地联系在一起,许多完全没有一点联系;有些有预兆且重复发生,有些则开启了新的方向。这一切都是为了满足参与者的意图而不是为了满足系统的要求"①。社会是在流变的、不断生成的,而非"硬"的、固定的价值所聚合而成的一个整体,人们在互动行动中生成了社会。

互动论等诠释取向的理论旨趣不在于批判,它未对社会中的权力问题给予重视,但它作为极其重要的思想资源被批判社会学所汲取,与深受马克思主义影响的冲突理论一起构筑起批判社会学(critical society)厚重的基石。批判社会学内部有很多分叉,理论家之间有很多不同的观点和争执,在本书中我们感兴趣的是:行动是怎样带来作为"结果"的社会存

---

① Herbet Blumer, *Symbolic Interactionsim: Perspective and Method*, Englewood Cliffs, NJ: Prentice-Hall, 1969, p.75,转引自[德]汉斯·约阿斯、[德]沃尔夫冈·克诺伯:《社会理论二十讲》,郑作彧译,上海人民出版社2011年版,第128页。

在的？换句话说，"社会"不论是作为一个前提还是作为一个结果，它怎样由行动所带出？这是一个大的理论问题，本书没有野心与能力在理论的层面予以回答，在我们完成思想史的整理之后，将对"大问题"在两个维度进行收缩，分别把"媒介技术"与"中国语境"嵌入。

在这个"新媒介-网络"的时代，媒介技术不仅是人们之间联结沟通的工具，更是一种生活、生存方式，是个体的行动得以展开的基本"情境"、生活世界得以持存的基本要素，媒介技术与行动深深地纠缠，或者说，行动嵌入了技术之中。哈贝马斯（Jürgen Habermas）从互动理论中发展出的"沟通理性"的概念，在当下的实践中很难不经由技术的中介。与媒介技术接合之后沟通理性是怎样的，它能否抵抗来自系统的殖民？这仍然是个"大问题"，在言说"抵抗"之前，我们首先要发问的是，在媒介技术的情境下，我们能否再度进入公共空间？当下的数字空间是否能够在理论上接合进哈贝马斯的"公共性"概念之中？

哈贝马斯汲取了阿伦特（Hannah Arendt）、塞尔（John R. Searle）、皮亚杰（Jean Piaget）等重要的思想资源，用"沟通理性"对抗现代性暴力——"工具理性"，他的前辈们对此忧心忡忡，"二战"强烈冲撞了人类文明的根基，现代社会再度陷入野蛮，理性与权力的勾结是阿多诺（Theodor W. Adorno）、霍克海默（M. Max Horkheimer）在批判研究经典之作《启蒙辩证法》中作出的时代诊断。而哈贝马斯必须在文明的废墟上前行与重建，理性的问题是深重的，但不能因此就抛弃理性。要么以保守主义的姿态遥望"回不去的故乡"，"乡愁"是一张"旧船票"；要么以后现代主义的嘲讽粉碎一切理性，甚至把科学也彻底等同于意识形态。哈贝马斯提交的解决方案就是诉诸语言的交往理性，来抵抗"工具-目的理性"的暴政。哈贝马斯认为，这是对韦伯（Max Weber）、马克思、阿多诺、霍克海默等思想家的旧版批判理论理性概念的超越，理性不再是工具理性的一统天下，理性的内部是有分化的，悲观的铁笼（iron cage）意象被更具建设性的理性概念替代了，批判理论也可以呈现出反抗的希望。

　　哈贝马斯受到赞誉推崇，也受到无数批评，其中现代哲学三位代表人物的批评尤其重要。在极端功能主义的卢曼（Niklas Luhmann）看来，丧失反思性的自我持存的系统在根本上切除了生活世界，系统理论质疑了交往理性之基础"共识"概念的有效性；与罗尔斯（John B. Rawls）之争则是哈贝马斯在方法论上划清与非批判的"新保守主义"的界限。如果说前两者都是自由主义与马克思主义批判理论间的方法论之争，或者说是立场与阵营之争，那么同为批判理论阵营的福柯（Michel Foucault）与哈贝马斯之争，则是真正触碰到现代性根本问题的争论。两位思想家并未作面对面的思想交锋，但都在文章中批评了对方的理论。福柯认为以"商谈"取代"目的"的交往理性是理想的，但它在现实中不可能逃出权力之网，权力在福柯那里是非本质化的，"权力不是一个机制，不是一个结构，也不是我们拥有的某种力量；它只是人们为特定社会中复杂的战略情势所使用的名字。"①权力是非实体的、巨大的"权力关系"（power relationship）之网，它流淌、弥散在社会内部的每个角落，无处不在、无时无刻不在运动着。正是这样的权力运动生成了人类的历史。福柯谈到，"尽管我想多一点地认同他，但当他赋予交往关系一个如此重要的地位，一个我称之为'乌托邦'的功能时，我总是有一个疑问，认为存在着交往状态，其中真理游戏可以自由流通并且没有任何强制性的限制，这样的想法在我看来纯属乌托邦。"②权力是福柯理论的基石，"discourse"在哈贝马斯那里是建立在语言交往机制上的"商谈、讨论"，它可以走向"真实、规范与真诚"，从而确保一个不被工具理性所穿透的生活世界的持存。而"discourse"在福柯眼中是权力关系永恒推动中的"话语运动"，话语穿透人类的历史和当下的每个瞬间，主体不再是能"说出"话语的人，而反过来被"话语"俘虏成对象。无论是有结构共时性偏向的考古学还是僭越结构的系谱学，话语运动都是

---

① Michel Foucault, *The Will to Knowledge*, The History of Sexuality, Volume I, France：Penguin Book，1990，p.93.

② Michel Foucault，*Ethics: Subjectivity and Truth*，New York：The New Press，1977，p.298.

理论变化中的一条不变的主线。

我们跟随福柯踏上话语运动之路，我们该怎样对媒介话语与社会变迁发问？社会在"潜移默化"的变迁中"生成"，在功能主义那里极受重视的"价值规范"，放置在话语理论的勘察视野中，如何理解社会价值在媒介话语中的变迁？

无所不在的、沉默的、流动的权力在生活的每一个角落都伸出看不见的触角，所有的人都难逃这张弥天大网，权力以话语的形式生产出世界的真相，包括"真理"的科学。这是一场永恒的运动，它是"暗流涌动"的、无主体的、静默的喧嚣，这里完全没有"人"，没有"行动者"，没有人的"行动"。福柯的思想世界是迷人的，福柯推动建立了一个对权力更为敏锐的社会科学，推动了一个从帕森斯那里便已出现开端的、更能切实掌握权力关系的趋势，他为整个世代的社会科学家开启了一个新的眼界。[①] 但福柯的权力之网是"灰暗的"，吉登斯（Anthony Giddens）批评说它像"幽灵一般徘徊"在历史中。在其中，人无法成为"行动者"，人只是权力精雕细琢的对象，因而人沦为身体。能否把福柯式权力理论与行动者糅合在一起？这样的理论能否把"幽暗的"话语运动的世界"点亮"？能否让"无脸的身体"恢复清晰的面貌？能否深描、分析行动者之间构筑的运动网络？

20 世纪 70 年代是社会建构理论势头最劲之时，随着福柯的话语权力理论扯下了人文科学的真理外衣，"建构"之火燃烧、蔓延到了最为神圣的自然科学领域中，对"自然的"科学技术进行"社会建构"的文化社会学研究，科学技术学（science and technology studies，S&TS）意味着"科学不是主导性语言而是被研究的对象"，也就是说，"科学不是资源而是主题"[②]，S&TS 成为一场思想的洗礼，并与越来越多的科学研究相融合。但 S&TS

---

① ［德］汉斯·约阿斯、［德］沃尔夫冈·克诺伯：《社会理论二十讲》，郑作彧译，上海人民出版社 2011 年版，第 325 页。

② ［英］法迪勒·马赞德兰尼、［法］布鲁诺·拉图尔：《整个世界都在变成科学元勘——法迪勒·马赞德兰尼对话布鲁诺·拉图尔》，《长沙理工大学学报（社会科学版）》2021 年第 5 期。

领域中的有些学者走得太远,科学被贬损,落入了意识形态的陷阱,"对资本主义科学的马克思主义批判"①的激进运动让理论偏离了轨道。科学知识社会学(sociology of scientific knowledge,SSK)正是对 S&TS 领域中存在的矫枉过正问题的纠偏,其中以布鲁尔(David Bloor)、巴恩斯(Barry Barnes)为代表的爱丁堡学派和拉图尔(Bruno Latour)为代表的巴黎学派是 SSK 的两所重镇,SSK 主张悬置价值、放下对真理与谬误的判断,代之以客观的、价值中立的态度,将大写的科学转化为一些必须进行经验研究的问题。但拉图尔看到,爱丁堡学派难以超出"社会实在论"的局限性,用社会来解释科学。也即是说,S&TS 达成了第一步的共识——科学不再是"自然所为"(nature did it)了,但 SSK 的一些学者还坚持认为科学是"社会所为"(society did it),把社会看作比自然更确凿的实在。拉图尔、卡隆(Michel Callon)和劳(John Law)等学者创立、发展了"行动者网络理论"(actor-network theory,ANT),用社会人类学的方法进入每一次科学实践的内部,在他们看来,动词的、"生成中"的科学(science in the making)才是值得勘察的对象,而非名词的、"已然形成"的科学(ready made science)。ANT 考察施能的行动者(actant)②在彼此的力所构筑的动态的关系网中,作为结果的"科学"是如何生成的。与之同时,生成的不仅是被当作"自然事实"的科学,也生成了"社会"。无论是自然还是社会,都是一次次行动网络所生成的"结果"而非前提。

　　拉图尔宣称他并不关心政治意识形态,他只关心科学的生成;拉图尔还宣称批判(critique)已经过去,上一个环节的任务已经完成,无需再揪住不放,因此 ANT 是"后批判"的、"非批判"的理论。"建构论"一直以来面目"模糊","建构"似乎总与"揭示"脱不了干系,"被建构"的东西似乎就是

① Gary Werskey, "The Marxist Critique of Capitalist Science: A History in Three Movements?", *Science as Culture*, Vol.16, No.4, 2007.
② ANT 中的行动者不只是人,还包括"非人"(nonhuman),只要在行动的关系网络中施能、发生力的关系的主体都是行动者。

"不真"的、"不现实"的，建构论总给人一种"做减法"的印象，要从现实中"去伪"。ANT 是建构的，但绝非要从现实中"减少"什么，相反是要"添加"在现实之上①，拉图尔说，"建构得越多就越真实"②。我想，我们应该这样理解这句话：建构是由行动者的行动所带来的社会的"生成"，积极的、有益的行动会制造（make）出更好的作为行动结果的社会（和自然）。我们有理由认为，"后批判的"ANT 并不是真正的"反批判"，批判理论在精神源头上是黑格尔式的，批判就在于通过揭示事物在当下环节中内在蕴含的"不合理性"，让其得以在下一个环节中释放出"合乎理性"的内容，使得事物从当下"自我异化"（self-alienation）的状态中"解放"出来，从而让"更好"的"现实"被"实现"。ANT 的旨趣不在于"揭示"，但与批判理论的最终目的是一样的，以行动实现更好的社会是理论的关切所在。

拉图尔很少在文献中提及福柯，甚至有时会带着轻微揶揄的语气谈到福柯的理论，这似乎更加深、确证了 ANT 的反批判立场。但我认为，拉图尔避免谈及福柯，是为了刻意划清 ANT 与揭露"意识形态"式的批判理论的界限，尽管福柯的权力理论完全不是"去意识形态"的，他恰恰强烈反对整体的意识形态论，与马克思主义传统批判路径全然不同，但由于福柯颇负盛名，对于当代批判理论具有极大的影响力，与福柯之间拉开距离就有了"象征"的意味；反过来说，如果过多谈论福柯，ANT 就一定会沾上批判的"嫌疑"，建构论的 ANT 就会无法逃脱传统的、根深蒂固的、"揭露意识形态式"的建构色彩。而这是 ANT 所坚决反对的，因为它已不再适用于当下时代的诊断，反而会对"更好的""社会生成"的目标"拖后腿"。

然而，"避而不谈"福柯的"策略"并不能真正去除掉 ANT 与福柯权力理论之间极其重要的理论亲和性（affinity），这也是很多思想史研究会将

① Bruno Latour, "Why Has Critique Run out of Steam? From Matters of Fact to Matters of Concern", *Critical Inquiry*, Vol.30, No.2, 2004.
② Bruno Latour, "The Promises of Constructivism", in Don Ihde, Evan Selinger(eds.), *Chasing Technoscience: Matrix for Materiality*, Bloomington: Indian University Press, 2003, p.33.

两者放在一起作比较的原因。ANT 的创立者之一卡隆很清楚地看到 ANT 与福柯理论的重要交集,他的纲领性文章就暗示了福柯是行动者网络理论的鼻祖,"在他关于翻译的结语中,他阐明了权力如何实现、别人的行为如何控制,并将读者引到最后一个脚注:'这一点与米歇尔·福柯提出的权力政治经济学概念息息相关。'"①ANT 奠基人劳也指出,ANT"只不过是将福柯的观点扩展至应用于机器和硬科学当中的许多技艺而已"②。

当然,ANT 有其重要的独创性,它不只在研究方法、研究对象上与福柯不同,更重要地在于,福柯那里"无脸"的身体,在 ANT 中变得清晰可见,福柯理论中有"被捕获、拉扯、拖拽"的作为对象的人,但没有行动者,而 ANT 则照亮了每一张行动者的脸,社会的"生成"拥有了积极、明朗的意味。有研究者批评 ANT 只讲述"成功者"而忽略"失败者",不,如果我们不再把 ANT 简单放置到批判理论的对立面,我们就会看到,失败者也同样可以被讲述:讲述失败是如何一步步发生的,并可以为我们提示未来将"不再失败"的可能路径。

把"权力"与"行动"两个面向兼备的、"如此这般"的 ANT 与媒介研究结合,当新媒介技术使用深深嵌入现代社会的肌理,社会生成被编织进"行动者网络",在这里,"网络"获得了双重内涵,它既是行动者之间彼此动态联结起来的网络关系,也是切实的媒介技术的因特网(Internet)。在福柯那里,我们理解社会的变迁与生成是通过勘察媒介话语的运动来完成的,由永恒运动的力量所交织、裹挟下的话语,用"无脸"的身体绘制出价值、观念变迁的图像,社会在这种变迁中悄然"生成",永恒生成。但我

---

① Michel Callon, "Some Elements of a Sociology of Translation: Domestication of the Scallops and the Fishermen of St Brieuc Bay", in John Law (ed.), *Power, Action and Belief*, London: Routledge, 1986, p.230,转引自[新西兰]史蒂夫·马修曼:《米歇尔·福柯、技术和行动者网络理论》,《国际社会科学》2014 年第 4 期。

② John Law, "Notes on the Theory of the Actor Network: Ordering, Strategy and Heterogeneity", *Systems Practice*, Vol.5, No.4, 1992,转引自[新西兰]史蒂夫·马修曼:《米歇尔·福柯、技术和行动者网络理论》,《国际社会科学》2014 年第 4 期。

们看不到是"谁"在行动，听不见是"谁"在说话，这不是福柯理论的旨趣，但使用 ANT 的理论工具，我们可以考察具体的媒介事件中的行动者，他们如何实施技术的配置，在人与"非人"的诸多行动者之间展开力与力的关联，支配、计谋、妥协、抵抗……他们如何最终"成就"（accomplish）媒介事件的"完成"，从而"触碰"到社会现实，而"触碰"正是一种"生成"，是在积淀、叠加、修正、调整中的社会"生成"。同样，ANT 也可以考察"失败"是何以可能的，"不触碰"事实也是一种"生成"，原有社会事实的固守不变的背后，是"持存"何以可能。"持存"是动态的，它表示已然完成的对每一次冲击的抵抗，这是一个"过程"，持存是过程之中的一个状态。

　　行文至此，我们把这一部分的问题作一个总结，即本书感兴趣的是社会如何生成、如何变迁的大问题，对这个问题我们取径了批判社会学，在思想史上重点选取了哈贝马斯交往理论、福柯权力话语理论和行动者网络理论这三个重要节点，上述文字是对三者在思想史上内在关联的论述。前两种理论的内在关联是思想史上的共识，"福柯-哈贝马斯之争"也是当代思想界德法之争的典范，而把 ANT 放在不同于但并不对立于批判理论的位置，并将之视作在某些方面对福柯理论的一种发展，这是作者的观点，我们在正文的章节会再作具体的阐述。厘清了思想史的脉络之后，我们再把对媒介技术的关涉分别嵌入这条线索中，提出我们的问题，以进行研究问题的收缩。在交往理论的节点上，我们要问的是：（1）对照哈贝马斯的公共领域理论概念，数字公共性空间在实践中是否可能？（2）新媒介技术是否能让我们以行动者的姿态参与进社会的生成之中？在福柯话语理论的节点上，我们要问的是：社会的价值、观念的变迁是如何在媒介话语运动中实践的？在行动者网络理论的节点上，我们要探问的是：（1）"非批判"、经验的 ANT 就一定是"反批判"的吗？（2）完成第一步的论证阐述之后，再看如何把 ANT 与媒介批判研究接合起来，以网络热点事件为考察对象，去看每一次事件内部的运动机制是怎样的，触动、生成了怎样的社会现实。

　　这是第一个在媒介维度的对"大问题"的收缩,接下来,我们需要在第二个维度进行再度收缩,即聚焦于中国当下社会作考察。由此我们把上述的一些问题再进一步收缩为,首先,在交往理论的节点上,我们要问的是:中国社会中的公共空间与西方有怎样的差异,我们在哈贝马斯那里所看到的西方福利国家对社会"殖民"的问题,在中国语境中是否会出现?如果不会,为什么? 中国的数字公共性空间具有怎样的历史与实践特点?其次,在福柯话语理论的节点上,我们要问的是:中国社会自改革开放四十年来,社会"个体化"体现在价值观念的层面,从媒介话语运动的视野下看,"个体化"的社会价值变迁过程是如何得以实践的? 另外,中国在对待环境保护问题的观念上,也发生了翻天覆地的改变,福柯的话语理论如何对之进行解释? 在这一部分的提问中,我们选取福柯前期的考古学理论作为研究方法,正是因为相对于揭示鲜活权力运动策略的系谱学来说,考古学显得更加"客观",但我们正是想用更"冷静""客观"的态度去考察中国社会几十年来所经历的变迁,而前文谈到过,无论是考古学还是系谱学,权力话语运动都是一以贯之的主线,所以"客观"的考古学分析并不会牺牲掉对权力运动的勘察。最后,在行动者网络理论的节点上,我们把ANT引入具体的中国媒介事件,选取近年来颇具代表性的人教版教材插画事件为对象,进入事件的内部,去追踪、绘制出事件演变发展的内在机制,去看它生成了怎样的社会现实,以及从"非人"的新角度去探查网络技术文本如何参与进诸多要素的联结之中。本书按照以上的问题展开为五大章:

　　第一章"哈贝马斯'公共性'理论在当代中国语境中的考察"。本章从"私人"的概念切入,在公私观照中讨论哈贝马斯公共性理论的内在逻辑,再结合中国的民法典编纂去发掘中国语境中"私人"概念的特殊性,从而讨论哈贝马斯所遭遇的理论困境是否能完全延伸到中国社会中,中国语境下的公共性有怎样的特殊性,通过中国社交媒体发展的历程,探究"私人"在中国的数字空间中是如何被孕育、生成的,有哪些不同于西方社会的内在文化机制。

第二章"新媒介能否让我们遭遇世界：从阿伦特的政治社会理论出发"。本章是对哈贝马斯交往理论的重要源头思想的阐述，哈贝马斯的沟通理性是对韦伯那里占据现代性霸权地位的工具理性的重要"纠偏"，而沟通理性理论的发展受惠于语言学与诠释学，其中阿伦特以古典希腊世界为原型界定社会政治生活，进行了行动的几种重要内在区分，这是哈贝马斯交往理论极其重要的、直接的思想资源。哈贝马斯指出："也许有人认为，阿伦特用来发展其实践哲学的方法论是不适当的。但我认为她的意图十分明确：她希望从交往行为的规范特征中解读出一种未受损害的主体间性的一般结构。这些结构为人类存在——实际上是人类值得过的那种存在——设定了常态条件（conditions of normalcy）。"①阿伦特是理解交往理论的绝佳入口，且阿伦特那里的交往更为"纯粹"，因为在她看来，哈贝马斯的交往理性仍然残留了工具性色彩，是一定程度上对"复数性"（plurality）的贬损。这种"纯粹性"对于在技术上允许"多元和差异"存在的新媒介的研究来说尤为珍贵，它带给我们崭新的提问方式：新媒介技术所支撑起的公共交往平台，是否让"复数的人"得以自我彰显，即"被看见"也"看见他人"？这个过程则意味着"人"能否与"世界"遭遇并赋予其意义。本章以"社会"和"公共"的边界参照去考察网络空间中"公"与"私"的复杂缠绕，并尝试把公共性理论对"社会"（the social）所作的限定从内容层面转向"隐喻"（metaphor）的层面，从而对三种不同类型的网络平台进行有针对性的差异化讨论。

第三章"话语运动中的中国当代社会观念变迁"。本章主要考察当代社会道德的变迁，也兼论环境保护观念的改变，使用福柯的话语考古学（discourse archeology）方法。因为对于"道德"和"环保"来说，何谓对错，似乎更多偏向于一种"共识"，是具有一定程度确定性的"知识结构"意义

---

① ［德］尤尔根·哈贝马斯：《阿伦特的交往权力概念》，陶东风编译，载陶东风等主编：《文化研究》第26辑，社会科学文献出版社2016年版。

上的"客观"的东西;因此,相较于捕捉权力运动中的"计谋"的系谱学来说,考古学更为适用,它要去发掘某种看似"客观"的知识结构是如何形成的,又怎样被改变,以内部的视角,把知识结构转型的动态进程绘制出来。第一部分是本章重点,对当下社会道德张力的基本现象发问。为什么一方面有"好的现象",如无论在日常生活中还是危急关头,都有大量的志愿者主动提供服务和帮助,另一方面又有"不好的现象",如群体的冷漠和旁观等,对此,有很多关于"社会道德滑坡"的断言出现了,而本章要问的正是:道德滑坡究竟是模糊的主观感知,还是严谨的学术断定呢?以考古学的方法,笔者首先把抽象的道德转化为坐落在人与人的关系中的、具体的道德行为,再对历时空间中的具体的"行动"进行考古学探究。第二部分兼论环保观念的变迁,看随着人与自然的关系在环保的知识话语结构中被确定,并延伸到消费、娱乐、出行等各领域,我们今天觉得"习以为常""理所当然"、正确的知识观念是怎样形成的,它与父辈的"节约"之间有怎样的关联;话语方法在本章中既是研究的理论视角也是具体的方法论,它将"抽象"的社会变迁"具象化",使得我们可以绘制出内在运动的具体历程。

第四章"'经验的'行动者网络理论是'反批判'的吗?"。本章是在基础理论的层次上追问行动者网络理论的内在批判向度,人们通常会认为强调经验研究的 ANT 与批判理论之间没什么关系,甚至 ANT 是"反批判"的。本章从拉图尔的一篇批评批判理论的重要文献入手,尝试发掘 ANT 所隐含的权力维度,围绕"ANT 是如何言说权力的"核心问题,以福柯理论为重要参照,辨明 ANT 的权力观与福柯权力理论之间的交集与差异。本章在基础理论层次所做的工作是为了给接下来一章切实应用好理论打下基础。

第五章"行动者网络理论与媒介批判研究的接合:对媒介事件的新考察"。首先通过文献回顾,指出对网络事件的研究需要在技术更新的时代背景下完成理论视野和方法论更新的必要性,网络事件无论是否从线上延伸到线下，事件都是社会生成进程的组成部分，它是每一次作为整体的运动，而不是某个静态的、单独的事件"点"，而行动者网络理论正提供了这样一种运动的视野。随后在第四章打下的理论基础上，用 ANT 的视角和方法，以 2022 年人教版小学数学教材插画事件为对象，探查事件内部的运动轨迹以及作为"结果"的社会之生成。在 ANT 的观照下，对象不再是某一起舆论热点的"点状"事件，而是一场历时八年之久、从文化审美开始的、经历多个阶段的变形和转义的漫长的"运动"进程。在此进程中，没有抽象、整体性的"情感"或某种"主义"神秘推动事件，只有可探明轨迹的转义行动的具体进程。ANT 方法把抽象的"情感"坐落为具体的、可绘制的运动部署。

在本书中，笔者关切的是当下社会如何在人的行动中被"生成"，媒介又在其中扮演了怎样的角色，所使用的理论视野和研究方法是交往理论、话语权力理论与行动者网络理论，前两者是批判理论研究很重要的路径，而行动者网络理论则通常不会划分在批判研究中，但行动者网络内置了重要的权力维度，或者说，它具有分析权力关系的巨大理论潜能，在方法上完全可以充实和更新批判研究的工具库。另外，行动者网络理论关注"人"和"非人"的行动，"行动的人"被置于聚光灯下，而在福柯那里，理论的底色中缠绕着挥之不去的悲观，其中没有作为"行动者"的人，只有权力的对象，因此，本书把行动者网络理论与经典批判理论的路径并置，不失为有益的创新。

第一章　哈贝马斯"公共性"理论在
当代中国语境中的考察

　　哈贝马斯用交往理性反抗工具理性的暴力,用诉诸语言学的沟通行动在现代世界中披荆斩棘开出一条通往生活世界的路,以对抗来自系统的殖民。交往理论的成熟是奠定在公共性理论的基础之上的,或者说,必须要先讲述"公共性",接下来才能去言说在公共空间中所展开的沟通行动。公共领域的概念对沟通理性的重要性在于,尽管沟通理性可以安放在日常生活中,但如果这种理性形式要具有效能,有能力抵抗住法西斯主义的国家强权,让"新的野蛮主义"(new barbarism)不再发生,让现代国家具有内在合法性,那么,沟通理性必须支撑起市民社会中的公共领域,从而对国家进行限定。因此,《公共领域结构性转型》是进入哈贝马斯理论的第一本重要的著作,哈贝马斯在对资产阶级公共领域衰败历史的回顾中清楚地看到,短暂的辉煌已然逝去,当代公共领域发生了结构性的转型。哈贝马斯在后来的时代诊断中指出,社会系统的子系统政治领域和经济领域对作为生活世界的文化领域和私人领域进行控制与干涉。经济领域的媒介是市场,更重要的是,不只是市场,更是现代福利国家造成了生活世界被系统殖民,生活世界被西方福利国家挤压到边缘,权力所支撑的国家权威介入公共的生活领域,日常沟通的合理性被工具目的理性所替代。但哈贝马斯的理论并未因"殖民"的诊断陷入悲观,而是诉诸建立在语言学之上的沟通理性去探求生活世界与系统之间的契合点。我们在本章中站在中国当下的语境,去思考我们所身处的公共空间有怎样的特点，以及哈贝马斯对造成公共领域衰落、发生结构性转型的根本问题的分析是否也同样适用于中国社会。

第一节　从罗马法到马克思：
何谓"私人"

现代政治国家的一个重要的问题是公共性空间参与，个体身份与公民身份在社会空间中发生交错或冲撞，数字技术又强力推动了公共通道的铺设，进一步放大了问题的重要性。对于公共性理论，我们习惯讨论"公共"，鲜有提及"私人"，而公共性理论的核心正是围绕"私人"所展开的行动。探究"私人"在中西方社会实践中的差异，发掘中国语境下概念的特殊性，才能理解中国社会中的"私人"与媒介技术发展之间的内在关联，从而回答中国数字交往空间中的个体如何参与到当下的公共性实践之中。

"私人"（private person）概念是公共性理论的重要入口。"私人"不能简单化约为每一个具体的个体，它与"私法"以及"私有财产"等内容缠绕在一起，具有不可忽视的文化限定性，公共领域理论所关涉的正是长成于西方文化语境中的"私人"，"公"与"私"的逻辑支撑起西方资产阶级公共领域的兴衰。我们以此观照中国语境的特殊性。

"私人"不只是个体，它与"社会"勾连在一起，"私人"是"社会的"（social）独立个体。而"社会"并不是文明原初就自然存在的，在西方文明源头的古典希腊时代，只有作为政治共同体的雅典城邦，人是作为"政治的动物"在公共性交往领域中的自由①的存在者，没有相对于"国家"的"社

---

① 阿伦特把古典希腊中参与公共政治的人的状态称为自由，她指出："自由意味着不受制于生命必然性或他人的强制，亦不受制于自身的强制，意味着既不统治人也不被人统治……因此自由不存在于家庭领域之内……仅仅……在政治领域中所有人都是平等者。"参见［德］汉娜·阿伦特：《人的境况》，王寅丽译，上海人民出版社 2009 年版，第 20 页。

会",公共的人是"人之为人"的存在方式,私人的晦暗不明是区分于"政治动物"的"社会动物"的前政治的生活状态。"私人"在西方的诞生跃过古希腊,播种在古罗马。罗马帝国海上贸易发达,是第一个强大的经济世界,奴隶制下的小商品经济兴盛,家庭和个体间的经济交往关系所联结的社会系统初见端倪,"私人"由此在古罗马开始萌芽,尽管还算不上严格意义上的"市民社会/社会"①,但针对经济交往关系中私有财产主体行为的法律规范作为"私法",在西方文明中首次现身。"公法"与"私法"的分野滥觞于罗马法,法学家乌尔比安(Domitius Ulpianus)指出:"公法调整政治关系以及国家应当实现的目的,有关罗马国家的稳定;私法调整公民个人之间的关系,为个人利益确定条件和限度,涉及个人福利。"②马克思给予了罗马私法极高的评价:"罗马法是纯粹私有制占统治的社会的生活条件和冲突的十分经典性的法律表现,以致一切后来的法律,都不能对它作任何实质性的修改"③。我们看到,西方的"私人"在概念上已然孕育几个世纪,而"私人"的出现在根本上标志着对私有财产以及相对于国家政治领域的社会私领域的文化认同。

规范私人关系的私法的核心是私有财产权,古罗马政治家西塞罗(Marcus Tullius Cicero)指出罗马市民法之为私法的原因在于,私法性的财产而非公法性的赏罚是市民法的基本功能,"市民法是为属于同一城邦的人确立的公平,以保护他们的财产"④;在罗马帝国极其发达的小商品经济下,私有财产已经开始与国家土地财富相对立,成为古典世界中"最纯

---

① 罗马时期的公法和私法的划分并不彻底,封建身份制度内在要求公法对私法的深度介入,并没有现代意义上的与国家相分离的市民社会。马克思指出,"真正的市民社会只是随同资产阶级发展起来的。"相关内容参见《马克思恩格斯选集》第 1 卷,人民出版社 1974 年版,第41 页。

② [意]彼德罗·彭梵得:《罗马法教科书》,黄风译,中国政法大学出版社 1996 年版,第 9 页。

③ 《马克思恩格斯文集》第 4 卷,人民出版社 2009 年版,第 221 页。

④ 胡骏:《论公私法划分的起源于古希腊》,《法学杂志》2014 年第 6 期。

粹、最突出"①的存在形式，法学家们才"得以全面制定他们心爱的私法"②，私法是"财产的砥柱"③。罗马法为我们勾勒出"私人"概念的轮廓："私人"，是处于社会私领域、商品交换关系中的个体，对私有财产之私主体的保护是"私人"的内在支撑。古罗马时期的私有财产与抽象政治权力紧密相连，私有财产的主体与身份权相互融贯，妻子、未成年子女、奴隶、被征服的外国自由民都不享有作为私有财产主体的权力，政治上抽象的身份不平等在根本上都是私有财产不平等的反映④；即使追溯到"私人"尚未诞生的雅典时期，恩格斯也发现了财产与政治权利之间曾有过短暂的⑤隐秘关联，"公民的权利和义务，是按照他们的地产的多寡来规定的"⑥。"私人"作为经济交往关系中的独立个体，在"私法"的保护和制约下展开有规范性的行动。尽管个体的行为是多面向的，但其根基建立在私有财产权之上。"市民"一词的拉丁文是 civilis，它不仅指私人的自由活动和居住权，更主要指公民的私有财产不受侵犯的权利，及与他人订立契约和从事贸易活动等权利。⑦ 因此，我们看到，物权和债权是私法/民法体系的基石，私有财产权是"私人"概念隐蔽的结构性支撑。这正是"私人"概念之非普适性的根本原因。

循着私有财产的脉络，我们就能理解西方资产阶级社会中的"私人"概念所具有的文化特殊性，马克思深刻地发掘了财产与人的社会存在形

---

① 《马克思恩格斯文集》第 8 卷，人民出版社 2009 年版，第 133 页。
② 《马克思恩格斯文集》第 3 卷，人民出版社 2009 年版，第 597 页。
③ ［英］F. H. 劳森、［英］B. 拉登：《财产法》，施天涛等译，中国大百科全书出版社 1998 年版，第 117 页。
④ 谢邦宇：《论罗马法的基本特征》，《青海社会科学》1982 年第 2 期，第 59 页。
⑤ 这里之所以说是短暂的，是因为恩格斯在文本中谈到，按照财产规定政治权力的办法在雅典只是实行了一段时间，从亚里斯提戴斯（Aristides）开始，公职对每个公民就都是开放的了。参见［德］恩格斯：《家庭、私有制和国家的起源》，中共中央编译局译，人民出版社 2018 年版，第 126 页，注释 46。
⑥ ［德］恩格斯：《家庭、私有制和国家的起源》，中共中央编译局译，人民出版社 2018 年版，第 128 页。
⑦ 胡健：《市民社会的理论演变与民法的角色选择——以民法和市民社会辩证关系为视角》，《东方法学》2012 年第 5 期。

式之间的内在关联：私有财产是人的本质的存在方式，丧失或放弃了私有财产，就是对身份、公民权以及整个社会归属基础的丧失。① 在《政治经济学批判（1857—1858 年手稿）》中，马克思把财产解释为一种"人与其自身存在的关系"，即"人把他的生产的自然条件看作是属于他的、看作是他自己的、看作是与他自身的存在一起产生的前提……看作是他本身的自然前提，这种前提可以说仅仅是他身体的延伸"②。简而言之，在马克思看来，私有财产的关键所在，并非主体对消费资料的物质的占有权，而是对生产资料和生产物质条件（如土地、房产、动物等）的私人占有，通过人的劳动，来实现人的社会存在方式。相反，失去了生产资料的私人占有，则是对主体权力的真正剥夺，马克思所说的"异化"（alienation）③就发生了："生产的客观条件作为他人的财产，作为这些个人的非财产，与这些个人相对立"，他们唯一的财产只是他们的劳动能力了。④

　　马克思对财产权本质上承载起个体的社会存在方式的强调，可以帮助我们理解西方财产权利理论为何把财产权视作一种不可剥夺的自然权利，"私有财产的本质是主体"⑤，它是对"人的自我存在"的社会实现，从而真正保障私主体权利。即使对于中世纪的封建领土来说，领主权也不能随意转让，因为土地承载的是依附于其上的附庸者的整个生存方式，它关系到政治结构的稳定。与之同时，作为私有财产主体的"私人"们在外部生产合作、交换过程中结成了重要的"人与人的关系"，在家庭内部则诉诸养成（cultivate）作为自律主体的人格，私人领域从而在内（家庭）、外（市

---

① ［美］D. R. 凯利：《法的形而上学——论青年马克思》，载吴彦编：《观念论法哲学及其批判——德意志法哲学文选（二）》，知识产权出版社 2015 年版，第 226 页。
② 《马克思恩格斯全集》第 30 卷，人民出版社 2018 年版，第 494 页。
③ 我们不在这里延展马克思在异化的基础上展开的资本主义私有制批判，因为它与本章的关联不大。这里谈到马克思，是因为他指明了一个关键点，即私有财产在根本上并非某种权力，而是由于人对物的"占有"（以及由占有所包含的生产与再生产的过程）所带来的人的自我存在和社会存在方式。
④ 《马克思恩格斯全集》第 30 卷，人民出版社 1995 年版，第 496 页。
⑤ ［德］马克思：《1844 年经济学哲学手稿》，人民出版社 2018 年版，第 223 页。

场)两个向度上充实发展起来，而使该领域正常运转必须要有对市场行为和社会行为的种种法律规范，它们在本义上是诉诸保障私主体权利的法律，即"私法"（private law）①，私人领域的实质是私人自律领域，即市民社会（civil society）。

"私人"是我们理解"公"与"私"关系的重要入口。我们可以在概念上一下子端出一个界限分明的"私"，但在文化历史的现实进程中，从古罗马到中世纪上半叶，直至 18 世纪，"私人领域"的初步轮廓才逐渐从"公私一体"的混沌中离析出来，现代意义上的市民社会和私人领域才真正展开。

虽然罗马法中就有了公法和私法的划分，私法"涉及个人福利"②，与之相对的公法行使的是建立在专制基础之上的政治国家的权力，但当时为私人所占有的、作为"特殊"的财产是少量且模糊的，因为封建领主的财产占有在性质上都是"公共"的，尽管相对于国家支配权来说是私有权，但是私人所有权与公共所有权是同宗同源的；它们在法律上截然对立但并不具有现实的约束效力，公共财政与君王的私人财产混为一谈，封建领主的私人所有权同时也具有"公有"的表征意义，封建特权阶级在"代表"国家政权的同时，本身也就是国家权威。"私"的含混意味着"公"在内容上是单纯的、非辩证的：没有高于"特殊性"的"普遍性"，没有国家对社会的制约，只有作为一种地位和特权标志的"代表型公共领域"。它是贵族和王权的公共展示，裹挟着服装、礼仪、运动、修饰、空间布局、语言和（巴洛克）艺术形式一起"代表""公共的"权力，为具体与抽象奇异的混合，"公"是作为实体的王权/国家权力，"代表型公共领域"是"公"投射在现实中清晰的镜像。

也就是说，公与私、"公共"与"特殊"之间尚未二分，两者纠缠在一起，

---

① 这里的"私法"是本义上谈论的，强调的是对每个私人发挥作用、对私人行动起到保护限定作用的法律规范，但自 19 世纪开始，在"私法社会化"理念的兴起之下，具有公法性质的规范向私法渗透。在康德、黑格尔那里，只谈论"公法"（public law），因为一切私法落实下来都是公法，只有公共的普遍意志才能对私人进行有效保护和支撑。

② ［意］彼德罗·彭梵得：《罗马法教科书》，黄风译，中国政法大学出版社 1992 年版，第 9 页。

没有对立于"私"的"公",也没有完全抽离了"公"的"私";当"私"尚未从一片混沌里显露,我们就无法真正谈论"公"。彼时的"公"在概念上是单纯的,它只是靠权威建立起来的具有代表性质的宫廷,远非现代意义上的公共权力领域,后者是由各种诉诸"公共管理"的行政机构、国家军队建构起来以维持连续性的国家行为,是国家机器合法垄断的运转功能。"公""私"分离,是从古典走向现代的必然趋势,"私人"的内涵得到了更新:纯粹的私人是没有公职的,被排除于公共权力之外 ①;但私人并非只能做公共权力恭顺的受众,而是组成公众站在公共权力的对立面对其作限定。这是哈贝马斯看到的短暂的理想画面:现代资产阶级公共领域(public sphere)在社会私人领域(private sphere)中诞生,代表型公共领域(type of representative publicness)在西方历史中完全退场。

　　现代政治意义上的"公"能够生成,所依赖的是"私"领域的充分发展和不断健全,中世纪中后期以来,物质交往与信息交往关系在西方世界的积淀与革新是催熟私领域的重要内驱力。商业城市在远程贸易中发展起来,海外贸易更是革命性地推进了金融业和商业市场的成熟;信息交换最初源自对商业信息的需要,随后信息本身成为有价值的商品,新媒介报纸使信息获得了"公共性"(publicity)。一方面,新闻纸成为国家权力维护统治的有力工具,政府选择性地"发布"公告、命令和信息,国家威权更为澄明;另一方面,在 17 世纪末,作为信息受众的私人组成了"公众"(public),公众的中坚力量是有教养的阅读群体,他们作为新的"市民阶层"(civil class)②担当起公共信息的传达和中介功

---

① ［德］尤尔根·哈贝马斯:《公共领域的结构转型》,曹卫东等译,学林出版社 1999 年版,第 10—11 页。

② 之所以说是新的市民阶层,是为了区别于传统的市民,后者是手工业者、小商人等职业阶层,前者之所以是"新的",在于他们可以承担起公共信息传输和中介的功能,政府发布的信息通过他们才能真正被广泛的公众所知晓、理解。因此新的市民阶层处于公众的顶层,他们主要是政府官员、学者、牧师、医生、银行家、资本家等有修养、有文化的阅读群体;这种阅读群体直到 18 世纪初才真正出现,之前的封建宫廷贵族们尽管也有一批文人,但他们在根本上并非出于阅读兴趣,而只是一种文化资助的结果。如施拉姆(Wilbur Schramm)所言,这些阅读群体是受过教育的资产阶级,是资产者,他们和大众有着严格的区别。相关内容参见［德］尤尔根·哈贝马斯:《公共领域的结构转型》,曹卫东等译,学林出版社 1999 年版,第 21、22、31、42 页。

能。"公众"不是芸芸大众，更不是国家权力温顺的管理对象和信息受众，而是裹挟着批判的(critical)精神的群体，这是公众区别于大众(mass)的要义所在，公众意味着一个"批判的"领域成为可能，即社会私人领域。"社会"在西方现代政治中的出现，从一开始就内置了对国家权威的质疑和否定，它站在国家的对立面，明确划定了"私"的不可侵犯的界限：家庭等私人事务不受公共权力的管辖。但同时，由于商业发展使得经济行为必然超越家庭的范畴，市场交换取代了家庭生产，"私"领域延伸到家庭之外，要求人们必须关注公共事务，因为对私主体间的经济交往等行为进行规范和限定，必须是符合公共利益要求的，而非个人私利的满足。公众构建了社会，社会培养了公众，在社会"私人领域"之内要求生成一个全新的、具有批判性精神的、由私人聚集的"公共领域"，它和"公共权力领域"是相分离的，"公共领域"是对"公共权力领域"(sphere of public authority)的限定和批判。

在已有文献中因为翻译、语境或误读往往会混用术语，造成"公共领域"理论在应用上的严重错误。我们在这里很有必要对下述重要概念作明辨区分：

(1) 哈贝马斯给出的重要理论概念是"公共领域"，它的全称是"现代资产阶级公共领域"，它仅产生于社会"私人领域"之中。

(2) "公共权力领域"是现代政治意义上的公共领域，是对上一个环节的"代表型公共领域"的替代。当"公共权力领域"出现，"公"与"私"的分离才真正开始，西方社会理论中的"国家—社会"二元性才拉开序幕。

(3) "公共领域"不同于"公共权力领域"(或"公共权力机关")，它们之间相互分离：后者是与社会私人领域相对立的国家权力管理领域，前者是对后者内在合理性的反思和公开批判。

(4) 社会"私人领域"包括两个部分：其一是"家庭私有领域"(intimate sphere)，这个领域是"私人领域"的核心，它是纯粹的私人事务以及私人在人格和情感方面的"养成"；其二是"公共领域"，该领域关注的是市场领域中的私人事务，但这些私人事务涉及公共交往，具有公共性的意义，对这些问题进行公开讨论。

（5）"公共领域"的功能，是对受上层控制的"公共权力领域"进行质疑、对国家法律的内在合理性进行批判性反思；其诉诸途径是由私人所组成的"公众"进行理性的、批判的和公开的讨论。

尽管"公共权力领域"很多语境下也被称为"公共领域"，但为了不发生关键概念上的混淆，我们在本章中对"公共领域"的指称作严格区分，仅指哈贝马斯的关键理论概念即"资产阶级公共领域"，"私人领域"的统称是包括了公共领域和家庭私有领域的两个部分在内。

第二节　经典公共性理论的核心：对"私人"的保护

公共领域以咖啡馆、沙龙、读书会这样的实体性形式承载起资本主义早期的政治合理性内涵，在垄断资本的时代到来之前曾有过短暂的辉煌，"公众"的理想影像在白驹过隙的刹那间闪过，这是一段"私人"的黄金时期：作为人（common human beings）的私人和作为财产所有者（property owner）的私人，在家庭私有领域和市场领域中可以达成统一。也即是说，作为私人，"资产阶级的个人既是财产和人格的所有者，又是众人中之一员，即既是资产者，又是个人。"①尽管由于资产阶级家庭父权制和私有财产的限定，家庭中的女性以及无经济财产的人，被排除出作为"财产所有者"的私人的范畴，他们从而无法参与进公共领域当中，没有资格成为"公众"的一员，但从总体上说，这一阶段仍不失为私人的黄金岁月：社会私人领域与国家公共权力领域相分离，国家与社会的原则性边界即"国家——尤其是（公共的）人员和机构——与服从于其所制定规则的（私人

---

① ［德］尤尔根·哈贝马斯：《公共领域的结构转型》，曹卫东等译，学林出版社1999年版，第59页。

的)群体间的社会边界"①是清晰的，"私"可以以理性和公开讨论的方式对"公"进行限定，追问"公"的合理性依据，从而守住私人的利益。

"公共领域"生成的动力在根本上是西方历史语境下对"私人"的保护。从 13 世纪到 18 世纪，在商品交换、海洋贸易、媒介技术交往的强力影响之下，"私"从一片混沌中不断抽离，直到重商主义为高速旋转的陀螺又抽上最后一鞭，"公私分明"终于生成了。私人成员、社会力量与国家之间拉开距离，私法和公法分离成为现代官僚制国家的标志，韦伯看到"公私分明"的背后是"国家作为统治特权的抽象持有人和法律规范的创立者，与所有个体的私人授权之间的分离"②。欧洲资产阶级革命之后的西方现代政治似乎接受过一场思想的洗礼，用公共性原则反对现代政治权威、具有政治批判意识的"公众"在资产阶级推翻贵族王权的斗争中被"养成"、资产阶级私人以最强烈的方式要求私领域规范体系的合理性不受国家权力的侵犯，"权力本身成为了具有政治功能的公共领域的讨论对象"③。保护私人，私人联合成公众，在私人领域中构建公共领域以实践自我保护，这是西方公共领域的生成机制。

早期资产阶级社会如何保护私人的权利？私人自律（private autonomy）④。在资本主义的早期阶段，私人被安放于"家庭"和"市场"之中，"家庭私有领域"中的私人与商品交换的"社会劳动领域"相分离，尽管它无法彻底摆脱对后者的依附关系，被卷入市场需求之中，但家庭私有领域仍具有相对独立性。私人从家庭中养成，家庭是培育私人独立人格最

---

① ［美］乔尔·S. 米格代尔：《社会中的国家：国家与社会如何相互改变与相互构成》，李杨等译，江苏人民出版社 2013 年版，第 17 页。
② Max Weber, *Essays in Sociology*, trans. by H. H. Gerth, C. Wright Mills, New York: Oxford University Press, 1958, p.239.
③ ［德］尤尔根·哈贝马斯：《公共领域的结构转型》，曹卫东等译，学林出版社 1999 年版，第 92 页。
④ private autonomy 在这里翻译成"私人自律"，后文有些地方翻译成"私人自治"和"私法自治"（引用文献的翻译）。"私人自律"是其最根本的意义，在社会层面，"自律"就意味着"自治"，在法律的层面，就延伸为"私法"，也即是民法。不同语境下的偏重点有所不同。

重要的土壤。"家庭里各种关系不是以市场为中介,相互之间也不是竞争伙伴,因此,人总有可能不去充当功能而是纯粹做人"①,家庭领域的私人自律具体展开包括了自愿(voluntariness)、爱的共同体(community of love)和教养(cultivation)三个因素,它们融合在一起就是扎根在个体私人身上的"纯粹人性"(pure or common humanity),这是一种从外在目的性世界中解放出来的、根据自身规律自我完善的内心世界。家庭私有领域的"私人自律",可以以"文学公共领域"(public sphere in the world of letters)的方式实现,书信、小说、诗歌、文学杂志,18世纪的新媒介和文学形式发挥了重要功能:最内在私密的主体经验可以成为共通的情感,文学让主体性和公众联系在一起,自我认识、认识他者、个体与社会的交往在"共情"中形成。家庭保护了私人人性(humanity)的养成,也保护了私人能健康融入家庭之外的、与他人共在的社会生活之中。自律的私人首先是在家庭中的,家庭是私人领域的核心,它是真正培育和释放人性的活动场所;借助于文学公共领域,私人充实了自我的社会性,从而获得了走向市场成为自律市场主体的基本条件。文学读本和道德周刊的广泛传播,担当起私人与他者联结的第一座桥梁,带来的是日报和周刊的翻倍销量,加速了市场领域的公众的养成。

自律的私人在家庭领域中,更在市场领域(sphere of the market)中。作为"财产所有者"的私人,在"私人市场领域"(sphere of the market/the private sphere)中根据的是市场营利规则来追求个人利益,市场规则与国家控制相分离,因此私人在一定程度上可以认为自己是独立的,"私人市场领域"是在遵循客观市场规律的基础上的营利行为,以及由此发生的私人之间的商品交往关系②;市场领域需要自律的私人,家庭是教养出自律

---

① Erich Fromm, Max Horkheimer, *Autoritat und Familie*, Paris, 1936, S.64, 转引自[德]尤尔根·哈贝马斯:《公共领域的结构转型》,曹卫东等译,学林出版社1999年版,第66页,第三章注释48。

② [德]尤尔根·哈贝马斯:《公共领域的结构转型》,曹卫东等译,学林出版社1999年版,第50—51页。

私人的温床，"自我被理解为普遍的人，即跟一切人同一的，这是属于教养的问题"①，作为个人的私人就其主体性在家庭中达成共识，通过"文学公共领域"获得对他者的共情，而作为财产所有者的私人"把本身利益作为自己的目的……如果他们要达到这个目的，就只能按普遍方式来规定他们的……活动，并使自己成为社会联系的锁链中的一个环节"②。市场领域的自律，意味着追求个人利益的同时不损害公共利益，而私法奠定了私人权益和社会规范得以保障的基础，私法关涉的是私人领域的公共性事务，并诉诸公共权力得以实施，因此自律的私人在市场领域的活动表现为通过政治公共领域（public sphere in the political realm）中的理性讨论，追求立法的内在合理性，它在根本上必然是对政治权威甚至一切统治的反对，这是孟德斯鸠之法的精神③在西方文化上的实践后果。

以私人自律为内在机制，构建出制约权威、追求真理的公共领域，这是一幅颇具理想主义色彩的画面，哈贝马斯敏锐捕捉到资产阶级公共领域转瞬即逝的光芒。但无论是哈贝马斯随后看到的公共领域内在结构性彻底转型所带来的无可挽救的崩塌，还是我们试图把公共性理论与中国当下的网络参与实践对接，我们都必须清楚支撑起理想公共领域的内在逻辑是什么，以及这种逻辑在西方社会的崩塌在理论上是否普适，如果没有，那么中国语境下的公共性有怎样的特殊性。

我们来看理想公共领域的内在结构是怎样的：

（1）"公私分明"，即社会私人领域与公共权力领域相分离，社会与国家彻底分离，社会再生产与政治权力相分离。"生命的再生产一方面具有个人形式，另一方面作为整个私人领域，又具有公共意义；从这个意义上

---

① ［德］黑格尔：《法哲学原理》，商务印书馆 1961 年版，第 247 页。
② ［德］黑格尔：《法哲学原理》，商务印书馆 1961 年版，第 229 页。
③ 孟德斯鸠反对王宫贵族任意立法和随意发号施令，他认为法应该是永久性的而非临时法令，因为法律是由人民颁布的。法的精神在于它内在的普遍性和理性规则，它是普遍、抽象和永恒的规范的综合，保障这种合理性就必须降低权力的外在控制，西方反对封建专制主义统治表现为追求立法背后的真理，而不是权威，并必须限制和反对权威以保障法的精神。

讲,'社会'可以作为一个独立的领域建构起来"①。

（2）"私人自律"是社会私人领域的内在原则。家庭领域相对独立,不受市场规则过多的侵蚀,因而不被外界规则所强制的、追求人性发展的作为人的私人可以被养成;市场领域独立,不受公共权力领域的操纵,劳动生产和商品交换的一般规律是作为财产所有者的私人之间的具有公共性意义的、属于私人领域的事务。

（3）政治公共领域/具有政治功能的公共领域具有立法功能（power to legislate）。私人的公开批判要求对强权的限定,那么它本身也免不了带有强权的性质,但这种权利是理性协商的结果而非政治意志的产物。

（4）资产阶级公共领域原则上是普遍开放的,原则上"一切人"都属于公共领域。但 18 世纪真正能够进入公共领域的"公众"只是少数的私人,对具有政治功能的"政治公共领域"来说,财产是一个入门标准,对文学性质的"文学公共领域"来说,教育是一个入门标准。"财产"和"教育"限定了私人,公众实际上是"有产者",公共领域是有产者用立法手段来实现对私人财产秩序的保护。这是意识形态（ideology）的,把有产者的私人等同于普通人,把私人财产权的阶级利益化约为普遍利益,但它又不仅是意识形态（more than ideology）的,因为在自由竞争的资本主义早期阶段,古典政治经济学具有一定的现实性,实现"私有财产所有者"和"一般人"的等同、使一切人都享有私人自律的资格,并非不可想象。

整理出上述四点结构性线索,我们就可以理解现代公共领域内部转型的逻辑。

（1）原则上普遍开放的公共领域无法实践,马克思批判它是一种虚构。机会均等的社会条件意味着每个人都可以凭靠自己努力和机遇成为财产所有者,获得财产和教育,从而作为私人进入公共领域。但马克思指

---

① ［德］尤尔根·哈贝马斯:《公共领域的结构转型》,曹卫东等译,学林出版社 1999 年版,第 144 页。

出，雇佣劳动的工人成为财产所有者的机会非常小，资本驱动下所形成的并非小商品生产者的中产阶级社会，而是阶级社会。"所有者"不能等同于"人"，维护私人财产的利益所代表的特殊利益，不能被等同于普遍利益。

（2）自律的私人在市场领域不可持续。自由竞争的资本主义早期阶段，是小商品经济模式，它所规定的是个体商品所有者之间的平等交换关系，但随着资本的积累，寡头垄断替代自由竞争，商品流通领域的权力集中到少数私人手中，私人交换过程的权力无法中立化，而是垄断资本成为新的强权，"市场的自我调节无法维系，原来私领域中的行动和利益之争转向政治化"[1]，由此强有力的国家出现了，国家公共权力领域必须扶持社会领域的弱者以维护公共性、对抗权力的集中。因此，私人市场领域不再能够和国家权力相分离，私人领域不可避免地受到公共干预；"国家机构与社会机构在功能上融为一体，无法再用'公'和'私'的标准来加以区分"[2]，在自由竞争阶段的市场领域对私人财产关系的私法意义上的保障，所依据的是契约自由，而垄断资本对之造成强烈冲击，私人自律对于契约的有效性被降级为公法衍生性的自律。

（3）自律的私人在家庭领域不可持续。自由竞争资本主义阶段，父权家长制的小家庭建立在家庭财产基础之上，"私人商品占有者"和"一家之主"的身份于一体，担负着传承和扩大家庭财产的责任，但垄断资本主义阶段的市民社会中的交换关系强烈影响到家庭中人与人的关系：家庭成员社会化、私人生活公共化、家庭财产被个人薪水收入所取代，家庭也不再作为私人风险的承担方，而是让位于国家公共保障，因此，"家庭不单单丧失了资本形成功能，更多地也失去了其基本的传统功能和引导功

---

[1]　Arnaud Sales，"The Private, the Public and Civil Society: Social Realms and Power Structures"，*International Political Science Review*，Vol.12，No.4，1991.

[2]　[德]尤尔根·哈贝马斯：《公共领域的结构转型》，曹卫东等译，学林出版社1999年版，第176页。

能……家庭失去了塑造行为举止的力量……家庭这一残存的私人领域也失去了私人特征。"①当市场自律私人不再,家庭也失去了经济职能,"公"对"私"的入侵,使得家庭丧失了相对独立的边界,无法再担当起对市场自律私人的输送和培养功能,在家庭中追求纯粹"人性"意义上的"私人自律"自然不可持续。

(4)当私人自律的机制不可持续,"私"被"公"入侵,公私的边界崩溃。

第三节　从《民法典》编纂看当代中国社会实践中的"公"与"私":"非对抗性"

对"公"的理解必须建立在"私"的基础之上,"公共领域"生长于社会"私人领域"之中,社会私人领域在原则上是对"私人"利益的维护和实践。那么,中国语境下的"私人"概念是怎样的?

前文谈到过在欧洲历史上,公共领域的真正出现是在 18 世纪后期,因为"公"与"私"开始分离,"当时财产关系已经摆脱了古代和中世纪的共同体"②,社会脱去了其政治功能,政治领域和经济领域分化,个人以私人身份在其中追求其以经济利益为代表的私人利益的"私域",即社会"私人领域"才开始逐渐形成。国家与社会分离、现代政治意义上的国家和市民社会才得以出现,"代表型公共领域"终于让位于生长于社会"私人领域"中的、具有私人利益之公共性原则的"公共领域"。反过来说,"公共领域"在西方社会之所以是一个成熟的理论和实践问题,是因为社会"私人领域"在西方的出现由来已久,成熟的"私域"有着复杂的内外规范机制。而

---

① ［德］尤尔根·哈贝马斯:《公共领域的结构转型》,曹卫东等译,学林出版社 1999 年版,第 183 页。

② 《马克思恩格斯选集》第 1 卷,人民出版社 1995 年版,第 41 页。

"公共领域"之"公共性"关照的并不在于政治，"私人利益是市民社会中成员的纽带"①，它在根本上所关照的是"私人利益"的实现，只是"私利"的获得不能以损害他人的利益为代价，只有保障良好有序的社会交往（以经济交往为主）才能保障私利的长期实现。马克思很清楚地看到市民社会是"工业、普遍竞争、自由地追求自己目的的私人利益……的社会"②，它是"私人利益的体系"或特殊的私人利益关系的总和，其中的经济生产行为是私人利益体系的核心，社会生活领域处在政治国家之外，本质上是"非政治性的社会"。哈贝马斯所目睹的资本主义公共领域的衰落，根本原因就在于"公"与"私"的边界再度模糊，"公"入侵"私"领域，"政治子系统和经济子系统从分离走向结合，国家重新进入经济生产，经济子系统不再作为独立于国家的私人领域而存在。"③在这一点上，我们可以清楚地发现，中国语境下的社会私人领域有其特殊性，以经济子系统为主的社会私领域并没有经历过一个"自治消解"的过程，那是西方社会从自由竞争的资本主义向当代垄断资本主义发展所经历的私领域的变迁。恰恰相反的是，中国社会私领域所经历的正是"自治加强"的过程，"社会组织模式由国家权力中心驱动的'统治'向交互、网状与无等级的'治理'转变"④，民法典编纂的开启以及《中华人民共和国民法典》（以下简称《民法典》）在2020年的正式出台（2021年1月1日起施行），就是中国语境下国家与社会、公与私之关系演进最重要的表征。

私人自治（private autonomy）是民法私法的源头与基石，它赋予个人在法律制度框架内通过法律行为形成其自我负责的法律关系⑤。民法

---

① 魏传光：《马克思主义思想的历史唯物主义转向——以市民社会为核心的考察》，《哲学研究》2020年第5期。

② 《马克思恩格斯选集》第1卷，人民出版社1995年版，第261页。

③ 何增科：《市民社会概念的历史演变》，《中国社会科学》1994年第5期。

④ 张力：《民法典"现实宪法"功能的丧失与宪法实施法功能的展开》，《法制与社会发展（双月刊）》2019年第1期。

⑤ Palandt，Heinrichs，Buergerliches Gesetzbuch，64 Aufl.，Muenchen：Beck，2005，Ueberlick vor § 104. Rn. 1，转引自耿林：《论私人自治的限制理论》，《当代民商法学研究》2019年第1期。

的原则是私法自治,它贯穿于民法的方方面面,"私法自治"原则在根本上是以"私人权利"为出发点,其蕴含着对国家行政权力的对抗和排斥,后者对私领域的管控表现为民事政策,它是国家对私权自治领域的介入,公法与私法的对照集中表现在公共政策与民法典的关系上。通过中国民法发展进程的几个阶段,以管窥豹可见中国私领域与公权关系变迁的过程。

《民法典》可谓新生儿的诞生,它的孕育过程是漫长的,足有六十七年之久,于 1954 年、1962 年、1979 年和 2001 年启动过四次。前两次由于政治和经济方面的原因未能取得实际成效;1979 年第三次民法典编纂是在改革开放之初,受到法治观念、立法技术和生产力水平各方面的限制,确定了先制定单行法,后编纂法典的思路。2014 年党的十八届四中全会作出了编纂民法典的工作部署,2015 年正式启动"两步走"规划,即先出台《民法总则》,之后再编纂民法典分编及草案。2017 年通过《民法总则》,2020 年十三届全国人大三次会议上 7 编 84 章《民法典》得以通过,2021 年 1 月 1 日正式实施。①《民法典》的问世在"公""私"关系上具有重要意义:私法价值、私人权利在自治合理的限度之内得到司法保护。公权规范层面的公共民事政策与《民法典》所代表的私法自治之间从压制、冲突,走向共存与交叉。

在《民法典》问世之前,对私领域管理的重要依据是"民事政策","民事政策是指国家对民事活动进行引导和规范的法政策,是国家对民事立场所表达的观点和态度,是国家处理其民事领域事务的一系列路线、方针、原则和指示的总和"②。齐恩平把我国私法自治与民事政策的关系分为几个历史阶段:(1)民事政策压制私法自治的第一阶段(1949—1986)。

---

① 相关资料参见刘田原:《论中华人民共和国民法典的政治内涵》,《华西师范大学学报(哲学社会科学版)》2021 年第 1 期。

② 齐恩平:《"民事政策"的困境与反思》,《中国法学》2009 年第 2 期。

这一阶段中国的民法寥寥无几①，重政策轻法律，"缺乏区分市民社会与政治国家的观念，导致社会治理与国家治理方式的混杂……国家管理色彩浓厚，各项规范性极具强制性。"②（2）民事政策与私法自治"胶着"的第二阶段（1986—2018）。这一阶段的私法自治原则初步确立，但于1987年1月1日起施行的《民法通则》保留了计划经济的烙印，民事政策与私法自治"胶着"。后续陆续颁布了《物权法》《婚姻法》《继承法》等多项民事单行法，提升了通则对私法自治的适用性，民事立法的私法自治原则逐渐得以确立。（3）民事政策与私法自治"隐形"共生的第三阶段（2018年至今）。这一阶段的民事政策与私法自治共存从"显性"到"隐性"。2017年颁行的《民法总则》将民事政策排除出民法法源，但民事政策实际并未被阻止介入民法，而是游离于程序之外，对私权自治造成不稳定的干涉。从外部整体视角看民法的几个发展阶段，很清楚的是，社会私人领域和国家公共权力之间的关系在中国语境中具有特殊性，不能直接以西方的对抗性（antagonism）理论来阐释中国的私领域，因而生长在私领域根基之上的公共领域理论也需要纳入中国现实作具体考量。

以私法自治为基本原则的民法发展到《民法典》颁行的当下，中国的私领域自治的确进展到一个新的阶段，但它绝非国家公权退场的转折；相反，《民法典》一方面是对公权不恰当干涉的限定，另一方面也确立了中国私领域的特殊性，即治理与管控并行，私法与政策共存。因为中国特色社会主义内在规定了社会私领域的发展必须兼顾私人利益与公共利益，"接纳有利于维护私权的公法因子"③，无论从历史还是制度上说，中国社会的运转都广泛依赖公权力，《民法典》编纂的历史进步在于防止公权力侵害

---

① 代表性的民事法律在这一阶段只有《婚姻法》和《土地改革法》。《婚姻法》虽然在第一条明确了婚姻自由，废除包办强迫等封建主义婚姻制度，但第八条也设定了"为家庭幸福和新社会建设而共同奋斗"的额外义务。

② 齐恩平：《私法自治与民事政策的互动与检视》，《政法论坛》2021年第1期。

③ 孟勤国：《中国民法典的历史价值》，《甘肃政法大学学报》2020年第5期。

私权,但在中国实践下,公权必须被合理纳入私权领域。在西方"国家—社会"理论框架中,市民社会的成员的利益即"人权"是现代政治国家的基础和起点,个人权利是西方治理理论的基本点;而在以马克思主义理论为基本政治范式的中国治理实践中,与西方理论的根本不同在于看到了"人权"概念上的有限性,以及建立在此之上的政治治理的有限性:"任何一种所谓的人权都没有超出利己的人,没有超出作为市民社会成员的人,即没有超出封闭于自身、封闭于自己的私人利益和自己的私人任意行为、脱离共同体的个体"①。在《民法典》编纂进程中,我们所看到的是"公权力"被进一步规范化,但从未"缺席"社会私领域,这与西方治理理论所倾向的"国家回退"、对国家中心论的批判完全不同。在前文中谈到过,公共领域理论的根基在于社会私领域对公共权力领域的对抗,私人自律是社会私领域的原则,自律性原则要求社会私领域中的私人行为不受公共权力的干涉;政治对抗性(antagonism)、公共性(publicity)以及服务于对抗性目的的理性(rationality),这三者构成了公共领域存在的内在要素。同样,公共领域在当代西方社会的衰落,也是由于私人自律原则被垄断资本行为败坏,国家公共权力介入、干涉社会私领域。

而我们必须清楚的是,西方福利国家的公权介入行为与中国社会实践有根本性区别:前者是私人自律原则所依赖的早期自由资本主义阶段的经济交往环境彻底转变,特殊私人利益与政治利益融合,真正意义上的私人"普遍利益"让位于私人特殊利益,社会与国家互相渗透,公共领域丧失了政治沟通功能。而当代中国社会实践中的"私人"始终是社会共同体中的个体,私人特殊利益从未被当作政治国家的前提性理论基石,公共权力对私人领域的介入是内在于马克思主义框架中的必然要求,为了关照弱者和服务于整体公共价值。从整体发展趋势上说,西方社会领域以私人自律为基本原则的"私人"毫无争议地衰落了,而中国语境下的"私人"

---

① 《马克思恩格斯文集》第1卷,人民出版社2009年版,第40—42页。

却随着公权力与私领域之间关系的不断进展而逐渐增强。同样，中国的社会私领域在公共权力的指引下进一步提升了自治的能力，而西方社会私领域却在国家社会一体化的进程中被不断入侵。

第四节　中国社会私领域中的数字交往空间：公共空间与公共性

　　我们从概念上辨明了西方公共领域理论所赖以存在的土壤是社会私领域，私领域的基石是"私人自律"原则，公共领域诉求的是对"私人"普遍利益的保护，以及建立在此之上的对公共权力领域的对抗与立法重构。公共领域在西方资本主义社会的兴衰所折射出的是"公""私"关系的结构性变迁，是社会私领域中被资本市场与政治权力捕捉的"私人"的命运。当代中国语境中的公私关系不同于西方社会，社会私领域一直是在政治国家的关照下有序发展，私人权利被法律所保护，但"私人"是处在共同体中的个体，当私人行为与公共利益发生冲突时，公共权力就必须介入。例如在新冠疫情防控期间，中国政府在必要时期对私人出行等行为进行限定，目的在于对共同体公共利益的保护，与西方不同的是，私人配合的意愿非常之强，这也是中国语境的特殊性表现。我们看到，"公""私"之间的"非对抗性"（unantagonism）是中国社会实践的特殊性，中国社会私领域在政治国家的结构中并不具有理论上的优先性。

　　在中国社会的当代语境下，"私人"是一个逐渐长成的概念：它深刻地嵌入共同体之中，对私人利益的承认在很大程度上以保护公共利益不受伤害为前提。这点放在历史文化脉络中可看得更清晰，沟口雄三在著作中指出，中国的"公"在意义上有三类：其一是首领性的一面，如朝廷官府等的政治性；其二是共同体性的一面；其三是具有普遍性高度的伦理性和原理性意义上的反"私"的"公"。"公"在古代中国是宗族传统的共同体之"全体、共同利益"，基本伦理是反利己、均分，与"公"相对的是作为贬义的

"私",因此,社会主义的转型在中国具有文化上的亲和性,宗族传统的"公"所携带的相互扶助的伦理扩大到国家规模的社会,私人利益作为利己的"私"被排斥,从而顺利实现土地的公有化和工业化改革。① 不再在贬义上谈论的"私",以及获得私有财产和私人权利合法性依据的"私人"是新近诞生,它"破土而出"不过短短的年头,并始终在"公"的文化氛围中"成长"。因此,我们不能把西方社会中已然成熟了好几个世纪的"私人",以及由这样的"私人"所聚集而成的"公众"、社会私领域概念拿来与中国社会直接对接。

从《民法典》编纂来看"私人""相对自治"的逐渐养成:作为社会私领域成员的个体的私人、私有财产的主体的私人、民事行为主体的私人,"私人自治"处于规范性加强的起步阶段,为了私人普遍利益诉求的私人的聚集空间的出现是伴随着数字技术的发展而来的,可以说,在中国社会实践中,国家规范和引导下的私领域中的私人意识的崛起,是与数字网络技术的突飞猛进相互交叠的,当私人利益的理性诉求与私人情感经验表达的欲望进一步萌发之际,也正是移动终端的数字交往空间勃兴之时。从Web1.0时代到Web3.0,中国互联网的发展历程已走过三十年,互联网技术彻底颠覆了中心叙事,自上而下的传播模式被技术改写、更新为多元的、去中心化的信息扩散。个体从被动的受众,转而成为有能力在网络空间中占据一席之地的主体。人与人的关联革命性地突破了有限的物理场景,技术的虚拟性深深地嵌入社会交往的"实在性"之中,由技术所中介的人与人的联结赋予了个体自我表达的欲望与可能:不再有"孤身"的个体,"观者"永恒"在场",个体的"表演"欲望在数字空间喧嚣的"人群"中被激发。或者说,"个体表达"的欲望和能力由技术所激发、允许和支撑,因此,不同阶段的互联网技术生成不同的社会交往方式,社交媒体(social media)的发展为我们的按图索骥提供了依据。

---

① [日]沟口雄三:《中国的公与私》,郑静译,生活・读书・新知三联书店2019年版,第258、288—289页。

中国最早的社交应用是在"电子公告板"（bulletin board system，BBS）的时代，BBS实现了纯文字的在线社交，以天涯、猫扑、西祠胡同为代表的网络论坛成为中国初代网民的虚拟社交聚集地。进入21世纪前后，大众传播模式下"沉默的"个体中的一小部分人，可以凭靠尚不普及的电脑网络，找到一个能够主动发起、参与话题讨论的虚拟公共空间。那也是网吧最为火热的时期，有人用"公共议事厅"去形容BBS的时代，尽管这是理想化的比拟，但Web2.0技术的初步尝试就迎来了开天辟地的"新"：相较于大众传播时代彻底被动的受众，以及Web1.0技术仅限于浏览和搜索信息的"只读"网页，Web2.0的"可读写"性允许用户自行创建内容，"交互性"由此被催生。互联网的使用者拥有了一种全新的个体表达方式，它像刚拂过地平线的朦胧曙光，由技术赋予了社会交往新的可能性；但同时，网络接触比例很低、信息聚合的列表界面、单调的网站框架、纯文字的文本内容，以及仅发帖回帖的基本功能圈定了讨论参与只能是"附和性"的，这些都在很大程度上限制了网络社群的互动体验，限定了公共交往的普遍化，可以说，个体的表达尚处在破土萌芽的初期。

2004年之后，随着宽带网络技术的大规模渗透，中国互联网迈入普及上网的新阶段。以用户生成内容（user-generated content，UGC）为标志的Web2.0时代全面到来了，真正意义上的社交媒体出现了："内容与应用不再由个体创造和发布，而是经由参与式、协作式之路持续不断地被所有用户所改动和调整，由此产生了Web2.0时代特有的参与、公开、对话的特性。"[①]2006年到2009年之间，人人网、开心网、新浪微博等代表性的社交网站刷新了用户互动体验，尤其是诞生于2009年的新浪微博，开创出虚拟社交的又一次变革：个体与个体之间被开放性地关联起来，微博账号间的关注功能把普通用户、作为意见领袖的行业专家、明星以及相关政府部门都编织进同一个网络空间，用户基于兴趣或事件"发言"，140字内的碎

① 李娜、胡泳：《社交媒体的中国道路：现状、特色与未来》，《新闻爱好者》2014年第12期。

片文本在形式上并不单调,视频和图片的添加极大提升了文本的"可读性",信息传播和社交是微博的双重属性,个体之间可以因兴趣而聚集,也可以因事件而集结,转发功能又可对信息进行强力发酵,事件的"公共性"可以被"生产",并从虚拟社交渗入现实社会中。个体的表达欲望和表达能力被强力唤醒,技术允许个体"投身"于事件之中:个体不再只是"旁观"事件,或"浅尝辄止",而是在技术层面被允许"卷入"其中,事件的发展与个体的行动之间可以发生强关联。社会生活中的大多数个体第一次切实意识到,"事件"不再只是一个名词,它并非只能是"异质的""外在的偶然",而可以成为一个动词,个体可以在一定程度上成为事件的"主体";或者说,当关涉市民社会公共生活的事件发生时,社交媒体的用户在原则上可以与维系私人利益也试图优化社会整体环境的私主体身份之间发生一定程度的交叠。而用户媒体接触的超便捷性就成为基本条件之一,但直到 2012 年之前,网络接触主要还是局限于电脑终端,在很大程度抑制了社交自主性。

　　2012 年被称为"移动互联年",社交媒体以革命性的力量开始融入人们的日常生活中。智能手机、平板电脑、笔记本电脑等移动终端的便携性特征,把先前被限制在桌前的媒体接触行为自由释放到每一个流淌的时空碎片中,随着智能手机和 4G 网络的普及,社交媒体迎来它的新时代。从 2020 年 6 月的调研数据来看,"每天通过电脑和手机上网的受访者占比分别为 40.3％和 83％"[1],"手机网民规模达 9.32 亿,其中通过手机使用社交媒体在内的各种即时通信服务的网民规模达 9.30 亿,占手机网民的 99.8％"[2]。手机移动终端的媒体接触占比最高,而移动网民与社交媒体用户也高度重合,可以说,由互联网所中介的人与人的普遍联结在技术层面完成搭建。社交媒体的数量呈井喷式增长,总体可以分为大众社交

---

① 安珊珊:《2020 年中国社交媒体用户使用行为报告》,《传媒》2021 年第 7 期。
② 《2021—2025 中国社交媒体行业市场前瞻与未来投资战略分析报告》,参见中研网咨讯 ChinaIRN.COM。

平台和垂直社交平台两大类，继微博之后，诉诸熟人社交的微信成为最具影响力的大众社交应用，甚至后来者居上超越了微博成为领跑者。另外，数不胜数的垂直社交应用出现，或者说，"社交"超出了应用属性而更多地成为一种标配功能，"社交＋"几乎成为通用的商业模式，被应用在游戏、娱乐、影视、购物等不同的垂直需求中。新产品层出不穷的同时，以网络论坛为代表的社交媒体也作为上一个环节被新的环节所取代，Web2.0 迎来了它的高潮，并展开了对 Web3.0 的构想和初步探索，由技术所中介的社会交往似乎给予了人们很高程度的个体赋权，UGC 行为在移动社交的技术支撑下被强化、鼓励，个体的表达意愿和表达能力被彻底激活，并在新媒体环境的驱动刺激下达到峰值。"算法"近年来成为热词，用户还没有开始搜索，平台就已经有针对性地推荐商品或信息，用户在其他平台的浏览和购买记录成为推送行为的数据依据，依托算法制造的"信息茧房"更是屡见不鲜……我们从中看到了对互联网的新构想和尝试，"语义网络"（semantic network）是核心技术，由机器分析和处理网络中的数据，机器在语义习得中演变为人工智能，语义网技术使得语义元数据之间可以被创建、打通、互联，从而实现信息的强效聚合，网站之间开放交互，这是对一个去中心化、用户数字身份确权、数字价值完全回归个人的全新的智能互联网络世界的终极展望。

在奔赴愿景的路途上，当下仍在 Web2.0 的时代，与数字身份、隐私保护数据和去中心化的期望尚且距离遥远，数据即资产，而当下的数据被牢牢掌握在中心化的第三方平台手中，数据在流动中的不断增值只为平台带来利益，垂直细分领域的各大中心化平台都以营利为首要目标，平台的设计、发展和产品都由平台自己决定，作为数据生产者的用户的需求则不被听见。因此，技术总是双面性的：一方面，技术可以让人们享受"平步青云"的快感，社会生活中的个体似乎置身于无疆土边限制、多重联结的空间，技术条件允许个体进行充分表达、聆听、理解、达成共识，并通过言语行动实现社会私领域系统的不断优化，自律的私人成为可能；但另一方面，数据资本的营利本质、中心化的网络平台也为社会交往方式限定了阈值和边界。社交联结的实质应是以人为中心，而社交媒体所实现的社交更是一种以信息为中心的商业模式，信息所实现的价值是第一导向，技术所实现的人的广泛联结只是作为信息能够充分扩散的条件。UGC 网站对个性化内容的支持，并不能就此化约为对多元和自主性的推崇，它在一开始就蒙上了商业营利的滤镜：对 UGC 生产的鼓励和引导与品牌互动营销策略、流量变现难解难分，用户的个体表达、关注和交往方式在根本上是被平台所引导的，是在商业化的总体驱动下展开的行为。因此，娱乐化和商业化是社交媒体，尤其是各大垂直社交平台的鲜明底色，自平台诞生起就以原初代码的方式被编织进数字交往方式之中。

中国互联网发展走过了三十年，从 BBS 到微博、微信和诸多社交平台，互联网逐渐唤醒和培育了个体表达的意愿和能力：从表达欲望被懵懂开启，到成为一种日常习惯。具有较成熟表达能力与强烈表达意愿的个体被"养成"，其实才不过短短几年而已。在移动智能终端的社交媒体普及之后，尤其是在 4G 网络和高速带宽的加持下，社交新媒体才全面地高度融合进个体的生活方式之中；同时，这种表达和交往又无可避免地在商业化和娱乐化的总体架构中被引导、设计、规划和展开。在实践上，新媒体用户可以与社会中的"私人"身份发生交叠不过是近几年的事：个体在"空间"中聚集、表达、交往、为某一主题或事件展开讨论，并影响事件的走向。换句话说，数字网络交互平台搭建了私人聚集的虚拟空间，实践中的"私人"是新生的，移动终端的数字交互空间也是新生的，它们在时间上交叠，在空间中遭遇。因为在数字空间被技术实现之前，尚且没有一个现实的物理空间可以支撑起私人的聚集。有研究者在讨论中国社交媒体的国情特殊性时指出，尽管微博在总体架构和规则上可以说是推特的"山寨版"，但它结合了中国国情的创新性。微博增加了评论功能，并嵌入多媒体和照片显示功能，"评论＋富媒体"的更新模式受到中国用户的青睐，因为用户需要有表达对社会事件的意见的平台，而不只是像推特用户那样满足于分享日常生活①，"由于中国缺乏信息自由发布的现实环境，社交媒体的匿名、公开和参与这样的特点使得在信息的管理上存在滞后，从而使得微博在中国环境下获得了罕见的自由信息交流的环境，这使得微博这样的社交媒体平台比起西方的社交媒体承载了更多的社会责任。"②

我们再来看当下社交媒体的泛娱乐化表象：社交平台中的娱乐性氛围浓厚，对社会公共事件的讨论较少，由此很多研究认为这是"公共领域的私人化"，公共交往空间被"去公共性"、"私密化"表达大行其道。但经由上文的分析，我们知道中国社会中的"私人"只是初生的婴儿，它是网络技术成熟后的产儿。支撑起"私人"的要素包括为公共性而聚集的空间、自我表达的意愿与能力、充分和理性的交往行为。不可忽略的一点是，支撑聚集、表达和交往行为的良好展开，凭靠的是文化惯习的构建和理性的养成，而在中国的社会实践中，这些都是依赖于网络技术来完成的，或者说，文化惯习的培育浸润于数字交互技术结构的内部。

作为合格的"私人"进入政治公共领域的重要前期准备是在文学公共领域中培养、完成的，文学公共领域的基本功能在于培育与"公众"相连的最内在的私人主体性，即培育理性、共情、自律的私人个体良好融入经济交往的私领域之中。文学公共领域并非公共性本身，而是一个可以从内在自我窥见他人与世界的心灵之窗。早期资产阶级公共领域的诞生离不开文学公共领域的成熟：人们在读书会和沙龙上聚集阅读"少商业化"的文学、书信、杂志等，正是为进入政治公共领域作前提性的私人主体性的文化培育，即使是无法进入政治公共领域的女性，也可以通过参与文学公共领域而成为有能力培育子女的合格母亲，实现对家庭私领域自律原则的守护。因此，哈贝马斯看到，当文学公共领域被商业和政治的逻辑入侵，文化消费替代了文化批判，政治公共领域也就加速瓦解。西方的文学公共领域是走过盛年辉煌之后的陨落，而中国公共空间的私人表达在开

①②　李娜、胡泳：《社交媒体的中国道路：现状、特色与未来》，《新闻爱好者》2014 年第 12 期。

端之处就已然打上数字技术的烙印,技术语言是交往空间的内在代码,它在一定程度上构建了公共交往的特征。对于中国社会实践中的"私人"来说,文学公共领域的功能是很难让数字技术来承载、完成的,数字交往本身的商业化导向,以及内在于数字技术的碎片化语言表达方式,都决定了它根本无力承担如此重任,因而中国社会的"私人"是越过作为(政治)公共领域文化辅助的文学公共领域的准备阶段,直接进入公共性交往的,因此,我们也可以把当下数字交往空间中的"非公共性"理解为一种必然和常态,它主要表现为形式上的"少理性"与内容上的"私己性"。大量未经过理性恰当整理后的"过于充沛"的感性表达,这在很大程度上是由技术语言本身所决定的,而内容上的"私己性"倾向,与现代"私人"的新生有关:"私人"尚在"童年",在文化上一直处于"公"的照拂和监护之下,在公共空间中完成私主体的理性表达和利益诉求的行为本身,在文化惯习上并未被养成,当数字交往平台作为一个表达通道突然敞开它的入口,汹涌的人潮瞬间让每一个数字空间沸腾起来①,技术与民主踏平了进入公共性空间门槛,而这样的交往在内容上必定暴露出它的限定性。我们知道,私领域中的"私人"处于"亲密私人领域"和"社会私领域"两个场域中,而当后者的文化构建尚不充分之时,前者就更容易以感性的方式被释放出来。数字交往空间更适合成为亲密私人领域的发酵场,大量的"非公共性"话题在公共性空间中被释放。

另外,当我们使用"公共性"这个表述时,它并不只是意味着空间上的公开性,更重要的是,实现公共性内在要求私人的意见必须经过公众批判。也即是说,公共性不是一个意见和观点的自由市场,而是经由理性的批判性中介之后,从个人意见上升为公众舆论(public opinion)的场域。西

①　在网络技术联结的虚拟交往空间形成之前,中国也有一些个体表达的行为方式,比如合法的讨论集会等,但总体上是零散的、由事件牵引的非常规性偶发行为,并不能称为公共性交往空间。另外,表达的主体是作为从集体中萌生个体意识的、在市场经济下被迫"脱嵌"的"个体",尚未发展到受较完备法律体系保障和规范的、在市民社会中作为民事行为主体的"私人"的阶段。因此,中国的公共性空间的生成依赖、伴随着数字交往技术的发展。

方公共领域的崩塌在于公共性原则被破坏，资本和政治结盟，由宣传操纵展示出一个公共领域的符号表象；原本对立的"公"与"私"被抹去了界限，"私"的原则被"公"所入侵和操纵，西方福利国家中的公共领域从而"作为政治决策而脱离公共批判"，尽管其中的参与者仍然是私人的，但"没有受到具有批判意识的公众的矫正"。① 而这并不能照搬到中国实践语境中来，如前所述，中国的"公"与"私"并非对立的，封建王权时代的"公"也必然高于并包容了"私"的层次，当代对"私"的承认不能离开"公"的指引。数字交往空间在技术上保障了广泛参与的"公开性"，对于"公共性"而言，尽管文学公共领域的文化培育功能的不充分促成了偏重"私己性"的感性经验，但由于特殊的公私关系，中国私领域的问题并不排斥"公"的介入，甚至需要有效的协调。具有一定公权力的媒介在社会私领域中扮演了重要的角色，它一方面为私人的理性讨论提供载体，另一方面又发挥"公"的效能以协调社会私领域中的种种问题。数字新媒介本身并不具有公权力，但它处于媒介公共话语场中，在新媒介交往空间发酵而起的重要话题会得到传统媒体的呼应，"公"与"私"之间的有效对话也随之展开。在新冠疫情期间，通过数字公共交往空间的公众讨论所产生的公私良好互动屡见不鲜；又比如，上海某居民楼因邻里纠纷而使用震楼器扰民长达数年的矛盾，通过媒体的报道和数字交往空间的讨论而终得平息。我们看到，在中国语境中"公"与"私"之间在原则上的"非对抗性"，使得"公共性"在理论上并不必然落入与西方语境一样的绝望。

公共领域坐落在社会私领域，在西方"国家—社会"二元理论的框架下，公私关系是"对抗性"的，在私领域中由私人的聚集、理性的批判而构建起来的公共领域在根本上是为了对"国家公共权力领域"进行限定，以维护社会中私人的普遍利益。"私人"是理解公共领域的重要切口，西方历史文化中的私人的长成与对私有财产的保护内在关联，当私有财产从

① ［德］尤尔根·哈贝马斯：《公共领域的结构转型》，曹卫东等译，学林出版社1999年版，第254页。

国家公共财产中愈加清晰地脱离出来,公私边界分明,私人也就逐渐成熟。公共领域伴随着"自律私人"的成熟而长成,也同样因自律私人的陨落而衰败,马克思对私有财产的批判揭示了"自律私人"原则在晚期资本主义中无法维系。在这样的理论线索中理解中国社会实践语境,我们发现,中国的公私关系完全不同于西方,以《民法典》编纂为观望入口,中国的"私人"是一个新生的概念,它在历史文化中处于"公"的包容之下,在当下实践中也处于"公"的指引之中。因此,中国的社会私领域并不与公共权力相对抗,另外,中国的公共领域是在新媒介技术下被"催生"的,数字交往空间中的"私人"的交往是尚处"童年"中的"私人"的初步聚集。那么,接下来的问题是,新媒介的使用能让我们投身于世界吗?我们在何种程度上可能真正参与进公共生活?我们可以"去目的理性"地"交往"吗?

第二章　新媒介能否让我们遭遇世界：从阿伦特的政治社会理论出发

在哈贝马斯的公共领域理论的观照下，我们看到中国社会具有自身的独特性，曾经摧毁传统资产阶级公共领域的破坏性力量并未"发生"在中国社会，中国的国家与社会的关系不能原封不动地在西方理论中寻求解释，公领域与私领域分化出各自独立的子系统，但彼此之间并不具有"对抗性"。但这只是一个方面，这个"优势/特点"并不能就此保证"公共领域"是完善的。因为另一方面，中国现代的"私人"是在媒介技术下被"养成"的，数字公共领域是我们的"起点"，而对于西方来说，则是成熟、衰落、转型之后的第二个环节，因此在上一章中，我们看到，中国的公共领域尚处于"童年"，缺失了文学公共领域等不那么典型的、非政治公共领域的"学前培育"，我们是在新媒介的使用中成长起来的"幼童"。那么新媒介对我们而言就显得尤其重要，因为它是引领我们参与、投身、以行动进入生活与世界的最重要的"领路人"，是的，新媒介对于我们已不只是工具了，我们是在对它的使用、习得中才逐渐自我"养成"，在本章中，我们即要考察新媒介能否让"数字公共空间"中的我们发生交往理性，从而参与、进入世界。阿伦特与哈贝马斯最大的区别在于，阿伦特的交往理论是对"手段—目的"范畴的根本性超越，哈贝马斯的以理性共识为目的的交往理想在阿伦特看来仍具有工具性色彩，是对"复数性"（plurality）的贬损。我们因此选用这种"更纯粹"的交往理论，透过阿伦特对"复数性"的强调，对于在技术上允许"多元和差异"存在的新媒介的研究来说尤为珍贵，它带给我们崭新的提问方式：新媒介技术所支撑起的公共交往平台，是否让"复数的人"得以自我彰显，既"被看见"也"看见他人"？这个过程则意味着"人"能否与"世界"遭遇并赋予其意义。

第一节　对数字媒体时代政治参与
研究文献的回顾

新媒介技术的应用带来的是对于作为"人与人的关系之重要联结方式"的"传播"的全新的变革，政治运动也随之发生了结构性的变化，个体的人可以很便捷地跨越现实中的诸多界限而发生聚合、行动。尤其是Web2.0 技术下的虚拟社交媒体渗透进人们的日常生活中，为政治行动的可能性提供了崭新的技术平台，在这样的语境下，政治行动理论该如何理解和解释新媒介变革下的政治行为？在虚拟技术手段实现"共享"的表象下究竟是技术对政治权力的推动还是阻碍？这是一个跨学科的提问，媒介研究与政治学、社会学的研究之间交叉结合，我们从相关的代表性文献入手，勾勒出对这一问题的几个关键节点的研究脉络。

社交网络作为在技术上可以把人们变为地球村的居民而联系在一起，政治的虚拟交往在近年来催生了很多重要事件，不只是人们所熟知的摩尔多瓦 2009 事件（Moldova in 2009）、同年伊朗大选随之而来的"绿色革命"（Green Revolution），以及 2011 年的"阿拉伯之春"（Arab Spring）等，埃及、突尼斯、叙利亚和黎巴嫩也发生了诸多网络政治行动事件，人们使用推特和脸书等社交媒体释放出政治行动的潜能。艾尔斯（Michael D. Ayers）等学者指出，新媒介技术使得人们可以跨越声音、面孔和身体的物理界限和空间距离而彼此联结[①]，社交媒体形成了无边界的虚拟公共空

[①]　Michael D. Ayers, Martha McCaughey, *Cyberactivism: Online Activism in Theory and Practice*, New York: Routledge, 2003.

间，大大扩展了现代政治行动的能力和范围。一方面，网络技术对政治的民主实践的作用引发了技术乐观的展望，另一方面人们也对行动本身的有效性开始质疑，网络政治学者莫罗佐夫（Evgeny Morozov）强调人们必须注意到网络行动的另一面，即人们通过社交媒体虽然可以达成政治性变革的诉求，但是行动本身是否具有持久性仍是一个疑问。

施瓦兹（Elke Schwarz）敏锐地捕捉到由 Web2.0 技术所带来的对网络政治行动有效性的各种学术纷争。一些学者认为脸书和推特这种的 Web2.0 技术代表的是一种前所未有的民主行动的可能性和个体赋权[①]，而另一些学者则认为就技术本身来谈论政治行动为时尚早，相对于作为自由的个体行动的手段而言，更多的是为商业行为和国家强权的控制提供方便[②]。另外对于研究范式来说，该主题的研究方法与路径也较为狭窄，舍基（Clay Shirky）指出，已有文献对于网络政治行动有效性的研究主要还是集中于个案或者国别的经验研究中，研究结论也停留在没什么实质帮助的冲突事件上[③]，或者是依赖于算法和统计数据的量化分析，有学者总结当下研究的不足之处在于，仅把虚拟政治行动看作新媒介技术环境下萌生的一个新现象，却没有把它放置在已有的社会学理论视野中进行考察，因此已有文献大多拘泥于传媒、计算机技术和社会学量化的限定范式之中。[④] 从整体的研究现状来看，莫罗佐夫的研究更为冷静，在其著作《网络幻象》中把网络看作政治的工具而驱除了关于网络政治行动的神话；施瓦兹指出，与莫罗佐夫的研究相对的是大量的社会学和媒介学的研究范式，它们都几乎无一例外地诉诸共同体或身份构建的框架而忽略了

[①②] Veronica Barassi, Emiliano Trere, "Does Web3. 0 Come after Web2. 0? Deconstructing Theoretical Assumptions Through Practice", *New Media & Society*, Vol. 14, No. 8, 2012.

[③] Clay Shirky, "The Political Power of Social Media — Technology, the Public Sphere and Political Change", *Foreign Affairs*, Vol. 90, No. 1, 2011.

[④] Nils Gustaffson, "The Subtle Nature of Facebook Politics: Swedish Social Network Site User and Political Participation", *New Media & Society*, Vol. 14, No. 7, 2012; David Campbell, "Social Networks and Political Participation", *Annual Review of Political Science*, Vol. 16, No. 10, 2012.

对政治理论的应用，同时对于把经验层面的网络行动提升至理论概念的层次也做得很不充分。

从经验的层次拉升到概念的高度，这本身就是学术研究中的高地。在网络政治行动研究领域的相关文献中，以概念和政治理论的视野去辨析经验事实的研究路径，以施瓦兹、波因茨（Stuart R. Poyntz）、克赖德（Regina Kreide）、戴（Sophie Day）、卢卡（Mary Elizabeth Luka）、巴恩赫斯特（Kevin G. Barnhurst）等学者的研究为代表，研究超越了经验的层面，即把网络行动简单地限定于传播媒介的范畴，通过可把捉的量化数据或实证材料去分析虚拟空间中行动的特征与规律。这种超越要求跨学科的视野，虚拟的网络空间诚然是政治行动的起源和发生地，但它不能仅仅限定于传媒研究的单一视角，上述文献以政治行动的理论框架为社交媒体能否支撑起现代政治行动的讨论奠定了深刻的理论基础，并由此打开视野。可以说，研究并不诉求对网络政治行动作出盖棺定论式的结论，但它无疑为虚拟空间中政治权力之潜能的研究带来了重要的启发思路。在具体的研究结构上，当前文献主要从几个关键理论概念入手去考察网络行动的性质，即公共与私人、虚拟空间交往的复数性、数字时代的协商民主政治特征、虚拟空间与现实空间的行动参照等，从基本研究路径上看，可以分为社会和政治理论及媒介理论研究两大路径。

一、社会政治理论的路径：数字时代的协商民主政治研究

对网络政治行动的讨论，从政治理论的框架上看，协商民主政治理论是很重要的一种视角。关于虚拟空间中的商谈实践与民主商谈的理论概念之间究竟有怎样的衔接和张力，数字时代下的民主政治研究是一条代表性的路径。研究文献指出，当前的民主政治理论面临巨大压力，它来自两个相反方向的挑战，其一是民主的衰落，其二则是民主的兴盛。对第一种观点的支撑，是在西方社会中经常被讨论的市民与民主机制之间的非

协调的、异化的关系的问题；对于第二种观点，则是在当前的全球范围来看，政治行动的活力并未彻底丧失，甚至在近年来人们更是目睹了政治抗争行动的多个案例，诸如欧洲、美国、亚洲的多次大众抗议活动或政治占领运动等。克赖德把捉到实践与理论之间的互通性，指出民主实践的衰弱在理论上表征为现代民主理论的缺失，民主协商理论尤其成为众矢之的而备受批评，它主要受到四个层面的质疑：（1）协商理论过去强调"公意"的一致性，理论的规范性与现实机制之间存在张力；（2）民主协商理论被质疑为一种虚假的理论构建，真正协商意义上的主体群集根本就不存在；（3）对于当下的数字化转向来说这种理论已经太过陈旧；（4）理论本身并不能包容和解释实际的公共领域中的集会与抗议行动。但是克赖德强调，这些对协商理论的责难无论是在经验的维度还是在理论规范性的层次都是站不住脚的，协商民主理论的关键概念需要在语用学转向与数字革命的大语境下被重新发掘。

协商民主政治不同于洛克（John Locke）所奠定的自由主义政治理论，后者侧重的是个体的权利，尽管前者也同样承认个体的权利、自由和平等，但其强调的则是作为积极的公众而投身于政治行动的人们对于民主政策的参与和制定。而对于异质的公共空间来说，要在千差万别的观点中达成对于某个重要议题的公共意见是极其困难的，由此该理论被认为太过理想化。同时以克劳奇（Colin Crouch）为代表的美国政治学家认为，全球经济和财政系统的不可控性严重挤压和伤害了民主决策的表达空间，闭门造车的政策决断也挫伤了公民的政治参与积极性[①]，而墨菲（Chantal Mouffe）、巴迪欧（Alain Badiou）等法国学者看到的则是问题的另一面，他们认为克劳奇谈到的诸如全球精英政治的垄断等现象确实存在，但这不是根本问题，关键是对于协商民主的概念的理解往往过于理想化，而事实上总是充斥了不合理性、偶然性和社会矛盾性，民主

---

① Colin Crouch，*Post-Democracy*，Cambridge：Cambridge University Press，2004.

也由此被筛选排除①。德国政治哲学家毛尔乔尔特（Oliver Marchart）指出，我们不能给社会或政治权力设定一个先验的合法性基础，也不能假设人民或选民意向的背后存在某个"齐一化"的主体，民主政治理论并没有什么形而上学的终极判断，它必须对于偶然性有充足的意识并主动向多元视角敞开，比如与先验逻辑相对立的强调矛盾性的事件或政治的视角。这种反形而上学的政治理论观随着"语用学转向"（pragmatic turn）变得更加明确，因为对世界的理解已经不在意识哲学的范式中，而转向了强调交往实践的互文（contextual），人们所面对的是充满不确定性的外部环境。我们看到，在理论的发展系谱上，从皮尔斯（Charles S. Peirce）、维特根斯坦（Ludwig Wittgenstein）、伽达默尔（Hans-Georg Gadamer）到哈贝马斯，认知主体让位于主体间性，它带来的结果是认知本身成为一个包容了尽可能多的参与而最终得以完成的社会事件（social event），现代的民主概念也从此真正萌生：民主是一场巨大规模的、结果开放性的实验，因而解决复杂的社会问题必须诉诸对广泛而绝非少数人的观点的了解。② 从语用学转向背景下的政治理论发展，去理解克赖德所认为的对协商民主政治理论的诸多质疑的无效性，就一清二楚了。指责以公意（consensus）为目的的协商理论过于理想化，在根本上是对理论本身的误解，即把协商理论视作追求"一致性"的政治理论；克赖德回溯了哈贝马斯对语言功用的两种重要区分，即"以语言达成理解"（use of language oriented to understanding）和"以语言达成同意"（use of language oriented to agreement）之间的差别，前者正是发生在我们的日常经验生活中的模式，我们总是试图让他人能够理解自身或对他人进行说服以表达自己观点的

---

① Oliver Marchart, *Post-Foundational Political Thought: Political Difference in Nancy, Lefort, Badious and Laclau*, Edinburgh: Edinburgh University Press, 2007; Oliver Marchart, *Die Politische Differenz*, Berlin: Suhrkamp, 2012, p.336.

② Jurgen Habermas, *The Theory of Communicative Action*, vols. I and II, trans. by T. McCarthy, Boston, MA: Beacon Press, 1981.

正确性所在，如此一来带来的结果是语言交流被不自觉地理想化了，从而成为一种社会事实。而对于后者来说，达成"同意"是在达成目标的规范理性层次上展开的，但它不应被认作语言交往的根本目的本身。而且，一个人可以"同意"，也可以"不同意"，也即是说人们拥有不同意的权利。[①] 因此，社会的责任是达成公正合理的"同意"（agreement），它是广泛冲突和斗争的结果，但它是对于其他强制力量的抵抗，即以民主的"同意"去对抗建立在经济、制度、政治或法律之上的外部强制力量。

协商民主理论的发展在两个层面展开，一者是在上述政治理论内部的层面，二者则是数字化语境对理论转向的外部推动，它们之间又彼此作用，理论总是对实践本身的抽象，而对现实的解释又依赖于理论提供的视野。协商民主理论在数字化转型的背景下再一次面临理论的内在张力，以德国学者韩炳哲（Byung Chul Han）为代表的质疑该理论不再适用于网络技术环境下生成的复数的社会，因为协商民主理论假设了一种"统一的"、"我们"的前提，而这在数字语境中分崩离析。在韩炳哲看来，数字时期是对模拟时期的取代，而协商民主理论并未真正考虑到"数字化转向"，政治主题转为私人话题，公共的政治话语消解，交往理性难以维系。[②] 韩炳哲的结论是建立在群体式民主（swarm democracy）的社会诊断上，即民主在任何情况下都已超出了言说表达的方式，也超出了直接民主的范畴，所谓"群体"（swarm）并非指覆没掉个体的"大众"（mass），而是政治领域中的一只"看不见的手"，它把无交流的个人团结在一起。提出著名"过滤气泡"（filter bubble）理论的政治和网络理论家帕里泽（Eli Pariser）指出，推特、脸书等社交媒体以实践宣告了"去政治化"的效果，这意味着互联网实际所带来的并不是人与人的联结，而是个人化

---

① Jurgen Habermas, *Truth and Justification*, trans. by B. Fultner, Cambridge and Oxford: Polity Press, 2003, p.116.

② Byung-Chul Han, *Digitale Rationalitat und das Ende des kommunikativen Handelns* [*Digital Rationality and the End of Communicative Action*], Berlin: Matthes & Seitz, 2013, pp.7, 10, 18.

（personalization）的形式，正是这样的个人化，以及大多数搜索引擎以信息贩卖为导向的算法机制的共同作用，导致的现状是无止境的碎片化、离散化以及曾经公共领域的瓦解消散。① 人们深陷信息筛网的"过滤气泡"中，完全不会去思考我们所见的这个世界是怎样被预先分类和预先解释的；巴西媒体理论家弗拉瑟（Vilém Flusser）关注的则是公共空间衰落的另一面是私人空间的延展②。

　　与数字化背景下对政治协商理论的质疑相对的是另一种乐观的态度和立场，数字化语境在技术上打开了民主的新的可能。克赖德承认这些质疑和忧虑的确是现实的一部分，社交媒体也无疑推动了去中心的、离散化的驱使，改变了人们对政治公共领域的理解，从网络技术本身来说，技术对于这种趋势没有任何抵抗性，但詹森（Davy Janssen）等学者指出，并不能由此就一概否定，就像自由主义那样把公私、理性与非理性进行严格的对立。例如对微博的研究观察所显示的，社交媒体也并非完全没有争议讨论③，比如在德国的女性反歧视网络运动就显示了社交媒体上的事件运动可以相互联结，并扩展到其他网络媒体，从而引发公共性讨论。数字媒体与传统媒体不同，它不会把受众和公众区分开来，新媒体通过多数人的参与使用才得以生成，人们可以自由进入，在理论上没有限定的边界，参与者之间是平等的，在人数上也没有限制。④ 范戴克（Jan van Dijk）看到，对于使用者而言，哈贝马斯对公共领域的界定在新媒体的参与式使用上得到现实释放，它不再是什么遥远的理想，而就是新技术使用的一个简单操作部分，虽然竞争的市场机制、社会分层等制造了现实的数字的鸿沟，但在技术上允许人们进入其中的网络空间仍不失为迄今为止最接近

① Eli Pariser, *The Filter-Bubble: What the Internet is Hiding from You*, London: Penguin, 2012.
② Vilém Flusser, *Medienkultur* [*Media Culture*], Frankfurt am Main: Fischer, 1997.
③ Davy Janssen, Raphael Kies, "Online Forums and Deliberative Democracy", *Acta Politica*, Vol.40, No.3, 2005.
④ Stefan Munker, *Emergenz digitaler Öffentlichkeiten: Die Sozialen Medien im Web2.0* [*The Emergence of Digital Publics: Social Media in the Web2.0*], Frankfurt: Suhrkamp Verlag GmbH, 2009, S.74.

哈贝马斯构想的公共领域。① 互联网技术研究专家舍基由此指出，在数字技术的背景下，专制政权面临两难境地，限定网络入口在短期内是让人们保持沉默的有效的办法，但是这样做的同时也挫伤了支持政府一派的公民的积极性，还不利于经济的发展。因此，未受限定的数字公共空间仍具有不可忽略的能量。②

在哈贝马斯那里，公共领域通常涵盖三个不同部分，分别为（1）包括议会、政府和法庭在内的机构性领域，（2）市民社会中的行动者和政治家组成的大众交往领域，以及（3）市民、专家和非正式的社交网络关系中的参与者构成的市民社会；在公共领域这样的机制结构下，人们可以发现在上述的"群体理论"视角下所不能发现的问题，诸如政治参与的困难、交往的扭曲和异常等，但是这些问题在政治协商理论的框架下是否能被发掘仍然存在争议。克赖德把数字转向中的政治协商理论所面临的四个主要挑战归纳为：（1）政治运作体系与公民日益隔绝，具体的政策决定是由专家制定而非公民协商完成；（2）大众交往领域受到商业经济逻辑的入侵，媒体与政治结盟；（3）人的兴趣（human interest）在数字化背景下愈来愈从重要的政治议题转向娱乐和消费，对购物的不断刺激以及图片式的阅读都推动了这种趋势的形成；（4）社交网络的群体分组趋势不断增长，例如激进主义和恐怖主义组织等，它在政治层面对民主的公共领域机制形成抗力。在这样的四重挑战下，研究者认为政治协商民主理论的学术讨论不能仅诉诸社会学分析，而必须在社会理论、媒体理论和政治理论的多学科视野下展开。

---

① Jan van Dijk, "A Framework for Understanding the Digital Divide", in his *The Deepening Divide: Inequality in the Information Society*, London: Sage, 2005, pp. 9 - 26; Gili S. Drori, "Bridging the Divide", in her *Global E-Litism: Digital Technology, Social Inequality, and transnationality*, New York: Worth, 2006.

② Clay Shirky, "The Political Power of Social Media — Technology, the Public Sphere and Political Change", *Foreign Affairs*, Vol.90, No.1, 2011.

二、社交媒体的多元属性研究路径

有研究者指出，现代民主理论的前提就是建立在自由言论、多元观点、信息流通以及行动的积极参与等基本条件之上的①，因此，美国媒介理论学者桑斯坦（Cass R. Sunstein）强调，如果人们丢失了异质性，成为同质化的、相似的个体，那么现代民主理论的基本前提就会受到威胁和伤害，并可能导致极权主义②。布拉姆勒（Jay G. Blumler）等人也认为，协商民主所依赖的就是见多识广的公民以及不同观点之间的健康的讨论机制，所以异质性一旦不能保证，民主就岌岌可危③；网络政治学者穆茨（Diana C. Mutz）明确指出，多元信息接触是民主的基石之一④。因此，在政治理论框架下去分析社交媒体的行动参与即带出了一个重要问题，以推特、脸书等为代表的社交媒体平台（social networking site，SNS）上所活跃着的参与者是异质多元的吗？

此类信息交往平台颇受研究者关注，很多观点都把其视作民主化进程中的潜在推进力量⑤，当然也有很多反对意见。所谓 SNS 是否具有民主化的潜能，很多研究以社交媒体在"多元信息交叉接触"（crosscutting exposure）中的角色为重要考量指标，对于多元信息交叉接触的效果大体上有两种不同观点，一方认为会带来多元信息的便利化，另一方则认为信息的极化在所难免。在前者看来，SNS 发挥出多元信息接触的功能，这种观点预设了四种主要前提假设，分别为：（1）在政治参与的流程中，SNS

① Sarita Yardi, Danah Boyd, "Dynamic Debates: An Analysis of Group Polarization Over Time on Twitter", *Bulletin of Science, Technology and Society*, Vol.30, No.5, 2010.
② Cass R. Sunstein, "The Law of Group Polarization", *Journal of Political Philosophy*, Vol.10, No.2, 2002.
③ Stephen Coleman, Jay G. Blumler, *The Internet and Democratic Citizenship: Theory, Practice and Policy*, New York, NY: Cambridge University Press, 2009.
④ Diana C. Mutz, "The Consequences of Cross-cutting Networks for Political Participation", *American Journal of Political Science*, Vol.46, No.4, 2002.
⑤ Chang S. Park, "Does Twitter Motivate Involvement in Politics? Tweeting, Opinion Leadership, and Political Engagement", *Computers in Human Behavior*, Vol.29, No.4, 2013.

的使用者之间可以自由接触和互动，信息是多元流畅的；（2）SNS 具有结构性的特征，可以加强人们的弱联接①，SNS 的用户可以接触到在平常的社交强关系中所接触不到的新观点②；（3）SNS 可以包容数量巨大的使用者接触到来自大量信息渠道的、几乎无限多的信息和不同的观点；（4）布伦迪奇（Jennifer Brundidge）等发现，多元便利化还来自偶然性接触，人们的政治分歧可能是在无意和偶然接触中发生的，而不是明确计划好的结果③。

与上述对立的是极化（polarization）的观点，持这一立场的观点认为对社交媒体的使用带来的是相似的、同化群体的生成。极化观点的基本假设是个体可能对信息交往进行操控，可以过滤掉不协调的、让人不舒服的信息，使得有选择的商谈和信息接触成为趋势，这种观点受到费斯汀格（Leon Festinger）的选择性接触的心理学理论和斯特劳德（Natalie J. Stroud）的信息处理理论（information processing theory）④的实证支持，这两种理论强调的是人们倾向于接触与他们已有的观点立场相近的信息，而不愿意去接触与之对立、违背的观点，媒介理论家斯特劳德和桑斯坦指出，正是这种选择性接触导向了信息的极化和政治的碎片化问题⑤。另一种与极化观点相关的立场是过滤气泡理论，信息接触者所能接触到的信息是算法机制根据他/她之前的信息使用行为筛选给出的特定内容，在帕里泽看来，每个社交媒体的用户都是在使用保持自身忠诚性的算法机制，在极化的观点下，过滤气泡潜在地限定了人们去接触立场不同的信息，因

---

① Pasquale De Meo, Emilio Ferrara, Giacomo Fiumara, and Alessandro Provetti, "On Facebook, Most Ties Are Weak", *Communications of the ACM*, Vol.57, No.11, 2014.

② Sarita Yardi, Danoh Boyd, "Dynamic Debates: An Analysis of Group Polarization Over Time on Twitter", *Bulletin of Science, Technology and Society*, Vol.30, No.5, 2010.

③ Jennifer Brundidge, "Encountering 'Difference' in the Contemporary Public Sphere: The Contribution of the Internet to the Heterogeneity of Political Discussion Networks", *Journal of Communication*, Iss.60, 2010.

④ Natalie J. Stroud, "Media Use and Political Predispositions: Revisiting the Concept of Selective Exposure", *Political Behavior*, Vol.30, No.3, 2008.

⑤ Cass R. Sunstein, *Republic.com 2.0*, Princeton, NJ: Princeton University Press, 2007.

为算法设定分类了信息群，信息推送是在人们已有阅读信息的基础上进行的。因此，同质化问题又在算法机制的过滤泡作用下被进一步加强，受限的内容推送结构加上用户的选择性接触使得多元差异性只是一场表面的信息盛宴。① 对于这种观点来说，空间的"同质化"（homogeneous）是民主失去结构性支撑的关键点②，它给社交网络空间打上了明确无误的"去公共性"（de-publicity）的标签。但这一立场还是受到巴克什（Eytan Bakshy）、梅辛（Solomon Messing）、阿达米克（Lada A. Adamic）等媒介理论学者的质疑，因为有研究者发现对过滤气泡理论的抵抗，即个体的信息选择仍然不能被忽视，并且比算法机制发挥了更强的作用，使得人们可以接触到多元异质信息。③

国外对推特的研究尤其重视，因为推特在西方网络政治活动中扮演了非常重要的角色。有研究者指出，不管是多元方便性接触还是极化的观点，都适用于对推特的讨论。尽管推特是社交媒体的一种，但是它在技术上与其他 SNS 不同，添加好友时并不需要被对方接受，用户可以选择自己感兴趣的人加关注；而有些 SNS 比如脸书，朋友列表主要是现实中的熟人，推特则是陌生人社交，其中的一些人甚至隐藏了他们的社会身份。在 2017 年度的皮尤年度报告中指出，推特最引人注目的是它塑就公共意见的能力，引发辩论、推动对话题的即时热烈讨论，它可谓社交媒体中的先锋。④ 网络政治学者普罗菲利斯（Nicholas J. Proferes）看到，异质的推特用户生产了大量的、简短的、代表多元观点的信息，从首页点击进去就能看

---

① Chang Sup Park，Barbara K. Kaye，"Twitter and Encountering Diversity：The Moderating Role of Network Diversity and Age in the Relationship Between Twitter Use and Crosscutting Exposure"，*Social Media & Society*，Vol.3，No.3，2012.

② Cass R. Sunstein，"The Law of Group Polarization"，*Journal of Political Philosophy*，Vol.10，No.2，2002.

③ Eytan Bakshy，Solomon Messing，and Lada A. Adamic，"Exposure to Ideologically Diverse News and Opinion on Facebook"，*Science*，Vol.348，No.6239，2015.

④ Pew Research Center，"Social Media Fact Sheet"，Jan.12，2017，http：//www.pewinternet.org/fact-sheet/social-media.

到大量的政治和社会新闻类的信息；但是有持不同观点的学者如伊梅尔博因（Itai Himelboim）、麦克里里（Stephen McCreery）和史密斯（Marc Smith）等则指出，推特用户可以自由选择自己要关注的对象，而选择自然就是相似的兴趣和同质的人群，有些推特用户倾向接触自己赞同的观点和信息，而避免多元的信息内容。① 另外米切尔（Amy Mitchell）、戈特弗里德（Jeffrey Gotfried）、基利（Jocelyn Kiley）和马特沙（Katerina E. Matsa）等研究者发现，推特的使用频率也决定了信息多元接触的程度，重度使用者比偶尔使用的人有更多的机会接触不同的观点和信息，但是有学者认为，SNS 的使用基本上还是维系同质化群体的社交，因此重度使用也并不必然就能够带来不同观点的碰撞。总体上说，目前对推特使用与多元信息接触之间关系的讨论尚未达成明确的研究结论。②

　　从当前的研究中看，这两种立场都有各自的理论和实证支撑，但是帕克（Chang Sup Park）等学者指出，仅聚焦于 SNS 的使用者还不足以发掘社交媒体与多元信息接触之间的微妙机制和关联。使用与满足理论（uses and gratifications theory）在当下的社交媒体应用中尤为突出，布拉姆勒和卡茨（Elihu Katz）的使用与满足理论强调的是人们如何使用媒介而不是媒介对人的影响，麦克劳德（Jack M. McLeod）和贝克尔（Lee B. Becker）又进一步发展了该理论，媒介使用者积极寻求信息是为了达成他们心理上的需求，但约翰逊（Thomas J. Johnson）和凯耶（Barbara K. Kaye）作了补充，并不是所有的社交媒体都满足相同的需求，比如 SNS 的用户主要是为了结交朋友，扩展新的社交圈，而博客用户则是为了了解政治信息；人们在 SNS 上对社会议题发表意见，交流的对象主要都是持相似立场的人，而对

---

① Itai Himelboim, Stephen McCreery, and Marc Smith, "Birds of a Feather Tweet Together: Integrating Network and Content Analyses to Examine Cross-ideology Exposure on Twitter", *Journal of Computer-Mediated Communication*, Vol. 18, No. 2, 2013.

② Amy Mitchell, Jeffrey Gotfried, Jocelyn Kiley, and Katerina E. Matsa, "Political Polarization & Media Habits", Pew Research Center, Oct. 21, 2014, http://www.journalism.org/2014/10/21/political-polarization-media-habits.

于主流媒体则充满了不信任。① 从用于满足理论的脉络出发，研究主要是围绕推特等社交媒体用户的使用动机展开的，比如社交动机、信息需求／分享动机、社会参与动机、参与公共意见的动机、娱乐动机等。还有一些研究发现使用动机还包括反传统媒体的情绪、了解政治候选人信息，以及个性化的满足、公开表达和移动化使用等方面。这些研究结论主要由大量的实证研究路径完成。

媒介使用动机在实证研究中被确认与网络的多元信息接触之间存在关联，有些研究发现新闻使用与信息多元化之间正相关，异质网络中的多元信息可以增强使用者接触广泛主题的信息的欲望，而这个研究结论正与之前的关于使用与满足的研究文献相符，即个体在与不同人群的讨论中处理信息更为仔细。换句话说，如网络政治学者穆茨所言，网络的多元促使人们对之前的认知选择观点进行重新评估，因为它反过来激发了多元意见的生成。② 其他动机也与信息多元接触相关，媒介理论学者巴伦苏埃拉（Sebastián Valenzuela）等人发现，推特的用户寻求的是公开表达的满足，因此他们发布的推文通常是吸引人的、理性的、能被接受的，而达到这个目的的一个好办法就是多考虑不同的观点和立场；相反的研究发现，推特用户如果只和自己熟悉的人交往，就会减少他们对于异质观点信息的接触。

相关研究发现喜欢进行政治或其他公共性话题评论，以及诉求公开表达或积极寻求信息的 SNS 用户，更容易接触到多元异质的观点和信息。该结论假设的前提是这些使用推特来公开表达观点的用户，观点若要被同意的一方和争议的一方都能接受，就必须能够很好地了解和把握不同

①　Barbara K. Kaye, Thomas J. Johnson, "Hot Diggity Blog: A Cluster Analysis Examining Motivations and Other Factors for Why People Judge Different Types of Blogs as Credible", *Mass Communication & Society*, Vol.14, No.2, 2011.

②　Diana C. Mutz, *Hearing the Other Side: Deliberative Versus Participatory Democracy*, New York, NY: Cambridge University Press, 2006.

立场的人们的意见。这些研究支持了多元信息方便性接触的观点，尽管人们对相同观点有倾向性的选择性接触，但是新媒介使用还是打开了了解多元新闻和公共事件的窗口①，公共表达与信息接触的动机与人们的政治参与有相关性，有政治诉求的新媒介使用者经常接触到多元信息。另外，研究也发现出于娱乐休闲目的而使用网络社交媒体的用户，在政治和社会的多元信息接触方面常常是无意的。斯沃茨（Jon Swartz）在研究中发现，推特是充斥着各种信息的公共网络平台，因此即使只是在推特上随便看看，也增加了多元信息的接触机会，这是超出使用的最初目的之外的偶然接触，虽然为了娱乐而使用 SNS 的用户通常只关注轻松的娱乐新闻，但他们还是能在无意中接触到其他的不同观点。不过娱乐目的的用户比起信息满足的用户来说，对政治的关注很少，因此这些使用者无意间接触的令人不悦的相反意见的意义也是微不足道的。②

对数字语境下的网络政治参与的研究以政治社会理论和媒介行为的实证研究为主要脉络展开，民主协商理论在数字化的背景下面临挑战与理论转型，一方面网络全球化为政治民主理论注入全新的活力与机遇，另一方面理论又必须理解和回应新的现实问题；以实证研究为主的社交媒介研究则让我们看到了使用与满足理论框架下的、作为媒介使用者的人与多元信息接触之间的相关性，但研究同时也提示我们，信息的极化依然不可忽略，它取决于用户的媒介使用动机、年龄、使用频率和 SNS 的类型等变量。网络信息的多元化是政治参与与行动的基本前提，反之，信息的极化和人群的同化则彻底堵塞了人的行动的可能性。

---

① Jennifer Brundidge, "Encountering 'Difference' in the Contemporary Public Sphere: The Contribution of the Internet to the Heterogeneity of Political Discussion Networks", *Journal of Communication*, Iss.60, 2010.

② Jon Swartz, "Social Media Users Grapple with Information Overload", Feb. 2, 2011, http://usatoday30.usatoday.com/tech/news/2011-02-01-tech-overload_N.htm.

第二节 重返阿伦特：对媒介技术 之公共性的新质询

当脸书和推特等社交媒体为代表的 Web2.0 技术刷新我们的网络体验，交互性使用实现了对 Web1.0 技术时代的颠覆性推进，乐观倾向的技术决定论不在少数，技术使得"前所未有的、个体参与和赋权的民主成为可能"①，新媒介技术所带来的公共性思考遂成为学术讨论的焦点。何谓"公共性"？无论采用怎样不同的理论框架，公共性在根本上都意味着公共的"政治参与"（political involvement）。在我们所熟知的理论家哈贝马斯那里，"政治参与"被发展为政治商谈理论，它是左右立场之间的第三条道路，也是公共性的内容和手段；理性的商谈支撑起公共空间中的交往，从而使得民主政治成为可能。在已有的文献中，把哈贝马斯的理论框架应用于新媒介技术的公共性问题讨论随处可见，可以说，谈及公共性问题就几乎离不开哈氏的理论体系。诚然，哈贝马斯所给出的沟通行动理论的历史重要性确凿无疑，它是"二战"之后的思想家面临现代国家合法性重建所作出的重大理论贡献，哈贝马斯借力普遍语言学的研究方法，以重建的姿态致力于解决事实与规范之间的紧张关系，而媒介的技术进展如何作用于公共空间则成为一个重要的现实议题，被哈贝马斯的理论视野所包容。

理解交往与行动理论，从更"纯粹"版本的阿伦特政治行动理论出发不失为一个更好的选择。如果说哈贝马斯是对阿伦特思想的规范性构建和发展，那么阿伦特则是以更加"宽广"的姿态去讲述政治和人。所谓"宽广"，是指阿伦特对自古希腊以来一直"潜伏"在政治理论中的"手段—目的"范畴的彻底超越，她一再强调，包括政治在内的一切人的活动，都不能

---

① Veronica Barassi, Emiliano Trere, "Does Web3.0 Come after Web2.0? Deconstructing Theoretical Assumption Through Practice", *New Media & Society*, Vol.14, No.8, 2012.

在有用性(in order to)的层面被理解，而是以行动本身为价值(for the sake of)的自我显现。哈贝马斯的政治交往理论过于强调理性商谈的结果，这在阿伦特看来尚未彻底甩开目的论的束缚，它还不是阿伦特眼中的真正的"行动"(action)，即意义不在于某个达成的结果，而在于行动的过程本身，人之为人的勇敢和尊严正酝酿于其中。可以说，在源头理论的阿伦特那里，她以更本真、更强力的方式呼唤我们返回人本身，从而得以挽救现代政治——政治不是行政强权意义上的，而是参与性的真正属人的行动。阿伦特一再强调，公共领域中的言说和行动(speech/action)本身就充满意义，人们在行动中确证自身，也创造了属于"世界"(world)的记忆——人们活动于其中，并超越人之有限性的、持久存在的、"我们的"世界。交往行动由此赋予"手段—目的"范畴的"世界"以"意义"(meaning)①。由此我们可以说，公共性在阿伦特那里意味着人与世界的真正遭遇：世界通过人在公共领域的言语/行动填充了空洞性而获得意义，人在得以公开显现(public appearance)的空间中确证了自我和世界的实在性。

尽管阿伦特较少直接谈论媒介②，但她的理论对于媒介问题的思考有着强烈的包容性，换句话说，阿伦特的视角为媒介公共性的问题打开了新鲜的思路：在阿伦特那里，"公共性"就意味着人能够脱离以"生命/欲望的循环"为狭隘主题的私人空间，转而与世界真正遭遇。简单来说，公共的人，意味着世界的真实性对于他们而言是"共同的"(common sense)，即人们能够共同拥有、理解和讨论"同一个世界"，从而结成在世界之中相互联系又彼此分开的(in-between)整体。"公共性"也就指向了一种"世界性"(worldness)的活动，它对立于"无世界"(worldlessness)的、被限定在不

---

① 阿伦特把人类的积极活动区分为劳动(labor)、制作(work)和行动(action)三类，它们在与世界的关系上是完全不同的：劳动是对生命的满足和消耗，根本上是"无世界性"的。制作的技艺人可以为世界增添内容，但技艺人诉诸手段—目的，产品的诞生就是制作的终结，它可以填充世界，但不能带给世界意义。只有行动是对目的论的彻底超越，行动本身就赋予了世界意义。当然它还需要依赖于物质的手段被记录和传播。后文将详述。

② 阿伦特在其著作《过去与未来之间》及相关论文中集中地谈论大众文化的问题，涉及报纸、电影等大众媒介，但其主题是对文化与现时代的讨论，媒介不作为重点。

被他人所见的、私人领域的行为。由此，从阿伦特理论出发思考媒介之公共性，就可转化为新媒介技术是否具有"世界性"这样具体的问题，它又包含两个层面：

第一，阿伦特把"社会"（the social）和政治（the political）作了严格区分。进入公共空间、获得公共性的人，就是"政治的"，与现代政治的界定不同，阿伦特诉诸古典给出"政治"在根本上的含义，它是允许人们进入其中、被公开彰显的、属人的自由的领域。所谓自由，是对立于拒绝"显现"（appearance）的、纯粹私人性（privacy）的、晦暗不明的领域的，而在阿伦特那里，"社会"领域正是与"公开彰显"的政治领域相反，前者在原则上完成的是对人的"遮蔽"。正因为阿伦特这种对于社会和政治的严格区分，以及对政治概念的独特限定，其理论的实践性受到来自哈贝马斯和伯恩斯坦（Richard J. Bernstein）等学者的颇多质疑①，那么我们该如何理解由新媒介技术所支撑的互动空间（interactive space）？人们进入其中并开始交流，这样的交往空间在阿伦特看来究竟是"社会性"的还是公共的/政治的？尤其对于社交媒体来说，围绕"社会性"的主题所展开的交流，是否就意味着对公共性的直接否定？回答这些问题我们需要思考的是：阿伦特社会理论对两者给出的严格区分，在实践背景转为现代技术高速发展的当下，理论与实践该如何对接？由此推促我们作出进一步的努力，即是否可能在阿伦特社会理论对内容层面所作的规范性限定之外，寻求新的跨越？

第二，对于阿伦特来说，"公共性"意味着自身的"公开彰显"，这种"彰显"必须要求他人的持续在场，才能保证"被听见[诉诸言说（speech）②]"

---

① 关于哈贝马斯和伯恩斯坦对阿伦特政治理论的批判可参见：Jürgen Habermas，"Hannah Arendt：On the Concept of Power"，in his *Philosophical Political Profiles*，trans. by Frederic Lawrence，Cambridge：MT Press，2018；Richard J. Bernstein，*Hanna Arendt：Critical Assessments of Leading Political Philosophers*，*III*，edited by Garrath Williams，London & New York：Routledge，2006。

② 言说也是一种行动，且是极其重要的行动的方式。后文将作详述。

"被看见［诉诸行动（action）］"。倘若仅从粗糙的表象来比对，今天的新媒介技术似乎给予了人们充分的自我表达的机会，人们可以通过社交媒体轻松达成诉说和表现的欲求，我们就此可以断言公共性吗？阿伦特强调，人们只有通过言说和行动才能表明自己是谁，从而揭示其独特的个人身份，让自己彰显于世界之中。重要地是，这种彰显烘托出的是"某人是谁（who）"而非"某人是什么（what）"；对于后者来说，"什么"指的是品质、天赋、才能和缺点，人们既可以显示也可以隐藏，而对于前者来说，关于"谁"的彰显无法刻意而为之，它蕴含在人的一言一行之中，除非彻底的沉默和绝对的不作为才可能去隐藏。因此，"彰显"的彻底实现，只有在公共领域中才可能完成。① 人们正是在自我彰显的实现中，才能够确认自身的真实和世界的真实。人的世界性（worldness）只有在人与他人结成的真实关系中才得到确认，反之，当被限定于私人领域的遮蔽时，人就是"失去世界的"（worldlessness），古希腊的"不自由的"奴隶也正是在这个意义上区分于"自由的"公民。因此，当阿伦特引领我们对媒介发问，我们就必须去质询：新媒介技术所实现的交往空间是否让人的彰显成为可能？与此同时，我们不能把研究对象当作无差异化的"铁板一块"，而必须通过关键概念来区分不同的空间类型的公共性质程度，新媒介与公共性之间不能作简单粗暴的直接挂钩。

第三节　阿伦特的侵入式社会理论：
公私界限的明确分野

阿伦特在 1964 年接受记者高斯（Günter Gaus）的专访时强调自己不是哲学家，也非政治哲学家，而是政治理论家。因为在阿伦特看来，哲学在某种程度上总站在政治的对面，"在大多数哲学家那里都存在着一种对

---

① ［美］汉娜·阿伦特：《人的境况》，王寅丽译，上海人民出版社 2009 年版，第 180 页。

所有政治的敌意,鲜有例外。康德是一个例外。这种敌意对于整个问题极其重要,因为它不是哪个个人的问题。它存在于对象自身的性质之中。"①远在柏拉图的政治哲学中,阿伦特就发现了"沉思"作为一种内在的优越性超脱于"人致力于此世之物的活动"之上,后者是服务于一个活着的肉体的需要而获得的有限的尊严,它可谓"积极生活",而处于最高位置的"沉思生活"自古典希腊以来就贯穿于整个形而上学和政治哲学的脉络。哲学在根本上是对智慧的爱,是在"无言的"沉思中对永恒的体验,阿伦特要做的恰恰是拉开自己与哲学的距离,她完全有能力进入沉思,但不愿就此止步,而是刻意地从沉思中抽离并投身于"世界",即以公共的人、政治的姿态投身于我们的"世界"之中。

如果我们把这理解为一种序列上的颠倒,那么阿伦特显然不是理论的起点。在尼采和马克思那里,就已然完成了对传统秩序的颠覆,并把人的实践活动从形而上学的"压迫"中"解放"出来,阿伦特承认他们的贡献,但她认为这样的倒转是不够的,尤其对于现代生活而言这种"解放"仍是混沌不清的。因为所谓"倒转",始终不过是背后的决定性原则之间的倒转,而区别于沉思生活的"积极生活"被认作是仅遵从一个原则的整体,这在阿伦特看来有重大问题,并与现代政治的危机脱不了干系。由此阿伦特不辞辛劳地重返古典哲学,对自现代以来被视为一个整体的、人的实践活动从源头处进行严格的界定区分,发掘出隐藏于其中的绝对不可逾越的且应该被守护的清晰的界限,即劳动(labor)、制作(work)和行动(action)的分野。它们意味着公共与私人的重要区分,也是社会与政治的严格界限,并由此奠定了阿伦特政治社会理论的基础。

尽管自苏格拉底以来,哲学就把意味着追求真理(truth)的沉思高高凌驾于人的世俗活动之上,但在古典希腊的哲学中,积极生活并非内部模糊的一团。阿伦特重返亚里士多德对公共领域和私人领域的严格区分,

---

① 参见该德语专访的网络视频资源(有中文字幕)。

它建立在对三种活动的划分之上。劳动（labor）是一个生命有机体为了自我持存而对必要之物的生产与消费，在这种活动中，只有生命的自我存续而"没有世界"，因为所有被生产出来的必需品都在生命机器的运转中消耗殆尽了；或者反过来说，所有的生产都是被生命有机体本身所规定的循环式的重复，尽管劳动的原料常常以最原初的方式取之于自然，在这一点上似乎它与世界最为接近，但同时，以消耗或抵御自然侵蚀为目的的、被限定的重复性生产，使得它不能为人的世界留下任何持久的、超越"有死性"（mortality）之有限个体生命之外的东西。重要的是，劳动从根本上说无须他人的在场。即使协作劳动/劳动分工看上去是人的聚合，但这样的劳动根本上只是被分解成 N 个部分的、加起来"＝1"的、"彼此像一个人一样行为"的活动，它是单一性（one-ness）的，彻底地对立于"人与人之间的合作"，因为它意味着物种的同一性，即物种中的每个成员都是一模一样和可交换的。① 协作的表象下是绝对的孤寂，彻底的"无世界性"（worldlessness）是劳动的属性。

制作（work）不同于劳动，此种活动的主体是技艺人（homo faber）。制作是物化（reification）的过程，所生产之物不同于劳动，后者以消耗殆尽为必然结局，而前者总是保卫和对抗着生产之物被消耗的过程。换句话说，持存性（durability）是它的特征。正是在这种持存性之上建立了人造的"世界"，即通过制作耐久之物，我们得以拥有一个人类的家园，它可以抵御自然的侵蚀。世界就是这样处于人与自然之间，使得人在服从自然空洞循环的无情规律之余，也可以拥有一个能够"停留下来的"、超越有限个体生命的、被保存并持续维护下去的属人的世界。制作的过程限定于纯粹的"手段—目的"的范畴，即以一个明确的开端与一个可预见的确切的终结作为标志，技艺人在此种意义上是自身行为的完全的主体，无论技艺人是生产、重复、调整还是破坏，都是主体对无可置疑的目的的实现手段。

---

① ［美］汉娜·阿伦特：《人的境况》，王寅丽译，上海人民出版社 2009 年版，第 124 页。

毫无疑问，制作与"世界性"紧密关联，但制作所成就的是"手段—目的"层次的世界，目的一旦实现，制作的阶段就彻底结束，至于制作之物在人类生活的应用会带来什么，或改变什么，这一切都完全超出了"手段—目的"范畴而进入新的"意义"范畴，制作对之彻底无解并毫无兴致。

　　理解这两类活动的性质，我们才可能去谈论何谓"私人领域"，以及阿伦特为何坚决阻止"社会的"进入"公共的空间"。

　　阿伦特恢复了亚里士多德对私人领域的界定，这为她的理论奠定基础的同时也埋下了招致非议的种子。亚里士多德在《政治学》中很明确指出，私人领域限定于家庭。家庭是围绕生命必然性的原则展开的个体的持存，劳动是家庭生活的内容：劳动的人不需要被"公开显现"，因为它在根本上是与世界的彻底疏离。"无需公开显现"是私人领域的本质，它意味着"被遮蔽"的孤独——遮蔽在生命的必然性或他人的外在强力之下，遮蔽在没有言说（speech）的寂静无言之中，遮蔽在没有他人的"无人"之地。这样的私人领域无疑是晦暗不明的，当它作为一种运行结构被延伸至整个国家①时，暴力、强制、专制或野蛮就只会发生在那里，因为它"不被他人所见"；同时，在私人家庭组织内部发生的暴力和强制也被认为是正当的，因为它们只是征服必然性的手段，阿伦特对于奴隶制在理论层面的理解也是在这种意义上发生的。

　　以制作为内容的活动，尽管与劳动动物不同，但在严格的意义上也无法进入真正的公共领域——政治公共领域。虽然作品（product）成就了我们的世界，但作为世界之建造者的技艺人在根本上所拥有的是沉浸于"理念"（idea）的生活，它意味着对于材料对象的管控始终是第一位的，而对于人的管控则是相当次要的，这是内在于制作的技艺人的"庄严的孤立"。因此，同行业间的交流可以真实发生，技艺人也完全可以在这个层面拥有他们自己的公共领域，但这是无政治、非协力行动（act in concert）、以交换

---

①　亚里士多德指的是区别于古希腊城邦政治经验的、处于"前政治"层次的某些古代亚洲国家，他批判它们是野蛮的。

市场为基本方式的公共空间。技艺人活动的条件完全不同于政治活动的条件，艺术家对政治公共性的特殊的不信任就像城邦对技艺人心态的怀疑一样①，因此，古希腊对雕刻与建筑有这样的贬损——艺术与技艺的领域是"市侩的"（banausic）——这在今天的我们看来几乎不可思议，但它正是出于古典社会对政治公共领域的守护与捍卫。"制作"很大程度上也被笼罩于私人领域的晦暗所笼罩，"它仍然是一个人们在其中彼此孤立的世界，一个体验不到任何意义的世界"②。

私人领域的界限是明确的，古代城市国家的生活在这种的二分中有序地展开。但阿伦特发现一种介于公私之间的新的形式在近现代社会兴起了——社会（the society）。阿伦特的社会理论与现代理论格格不入，它是一种诉诸古典的、侵入式的批判社会理论，并试图以此拯救现代政治。我们知道，现代经济学要追溯到古希腊，"经济"（economy）的原初含义是"家政/家务"（oikia），它是家庭内部的经济组织方式的管理学。换句话说，它讨论的是私人领域的、以劳动为内容的、对生命必然性之强制的满足。但被限定在私人领域的事务溢出了它的家庭之界限，蔓延扩张至公共领域/政治生活，我们所见的组织和政治共同体都是依照家庭形象建立的，一种巨型的、全国性的家务管理机构管照着人们的每件事情，"集体家政"就是我们所谓的"社会"。③ 伴随着"社会"一并生成的是对于规律的顺从与臣服：私人领域中的人的活动只有劳动，劳动的性质意味着每个生命有机体都受到必然性的强制，在这个意义上人们是"不自由"的，也正是在这个意义上人们是"同质"和"平等"的。它不需要也排斥任何可以证明某个个体是"卓越的"的行动（action），后者只可能属于与私人领域相对的公共领域；私人领域仅能允许的是行为（behavior），它不可能追求卓越，而只

①　［美］汉娜·阿伦特：《过去与未来之间》，王寅丽、张立立译，译林出版社 2011 年版，第217 页。
②　［美］帕特里夏·奥坦伯德·约翰逊：《最伟大的思想家：阿伦特》，王永生译，中华书局 2014 年版，第 58 页。
③　［美］汉娜·阿伦特：《人的境况》，王寅丽译，上海人民出版社 2009 年版，第 18 页。

有规范和一致。当私人领域侵入式扩张为"社会"，社会所期待的是其成员的规范与顺从，它排除任何行动和特立独行的成就，并把所有的"异质行为"处理为偏差或波动。由此"在政治或历史中寻求意义就成了无望的事业"①，我们也许可以把阿伦特的社会理论理解为对韦伯等思想家对于欧洲文明危机振聋发聩的提问所作出的历史呼应。

私人领域与公共领域的严格界限使得阿伦特对于"社会"的侵入忧心忡忡。社会强势入侵了政治公共领域，带来了现代政治的衰落与危机。这样的界限是阿伦特终其一生热烈守护的原则，也是我们从阿伦特视角去看网络之公共性问题的关键之处。那么，在阿伦特那里，对立于"私人"的"公共"究竟意味着什么？

对于劳动和制作而言，它们让生命更长久，让世界更有用和美观，但诉诸古典的阿伦特一再强调，这两种活动是处于遮蔽或半遮蔽中的晦暗不明，"人"倘若被困在此种私人的晦暗之中，而不被允许或者没有勇气走进"公开显现"自身的公共领域的光亮中，那么"人"是被剥夺的和不完整的。所谓"公共显现"，即他人的在场所保证的最大程度的公开，事物走出了被遮蔽的晦暗进而一展其貌，我们只有"被听见"和"被看见"，才可能确证自身的实在性，从而确证世界的真实。那么人又该怎样被"公开显现"？是否只要让耀眼的光直接照进私人领域，人就可以从遮蔽走向明亮了？当然不是。公共领域的内容只有"行动"，它是区别于劳动和制作的最为重要的人类活动，也是阿伦特对于现代政治/公共性的区别于自由主义理论的独特规定。

人进入公共领域去彰显自身——这个自身是在"差异性"（distinctness）的意义上展开的：不同于哲学上的他者性（otherness），"他者"与"主体"（subject）是一对概念，他者处于被（主体）指认和规定的从属性地位；而人的"差异性"则必须诉诸公开的自我表达，即人必须在与他人的交流中主动去表达属于自我独特性（uniqueness）的东西。如何表达？必须通过"言说"和

---

① ［美］汉娜·阿伦特：《人的境况》，王寅丽译，上海人民出版社 2009 年版，第 27 页。

"行动"；而言说和行动在根本上是一类活动，它们同时发生同等重要，只有在晦暗的、"无人"的、充斥暴力可能性的私人领域才是沉默的，公共的彰显必然依赖于言说，没有言说，行动就失去了它的揭示性质，而且"在恰当的时刻找到恰当的言辞本身就是行动"①。因此，阿伦特一再强调真正的"言说"绝不是符号信息的传达、策略性劝说或蛊惑人心的政治宣传等工具性层面进行的手段②，而是一种在"差异性"所奠定的"复数的"人之间的、公共展开的语言行动（speech action）。

行动让我们以这样的方式切入人类世界：它不是被劳动意义上的必然性所规定，也不受制作之有用性范畴的推促，它只是被他人的在场所激发却又不被他人所左右；因为行动的动力只来自差异性的我们的诞生（natality）为这个世界所带来的新的"开端"的可能性。③ 它意味着几个要点：（1）有差异性的复数的人。（2）有他人在场的公共的环境。（3）行动的意义在其过程而非结果，因为行动包括不可或缺的两个部分，即单个人造成的"开端启新"（new beginning）和许多人加入后"完成"事业而达成的某个结果。因此行动不是能割裂的、简单的领导和追随，它"没有某个先验的规定或一体化的意志"（uniform subject of volition）④，而只能是"一致行动"，即行动者总是与其他行动者发生着联系和互动，他/她既是一个"作为者"又是一个"遭受者"，行动因而蕴含着无限的可能性，"不可预见性"是行动的特征。（4）行动是公共的，而公共的行动必须是被"一个事物世界"（a world of things）所牵引。阿伦特用了一个很漂亮的比喻，这个世界"存在于共同拥有它们的人们中间，仿佛一张桌子置于围桌而坐的人们之间。这个世界，就像每一个'介于之间'的东西一样，让人们既相互联系又彼此分开"⑤。

---

① ［美］汉娜·阿伦特：《人的境况》，王寅丽译，上海人民出版社 2009 年版，第 26 页。
② ［美］汉娜·阿伦特：《人的境况》，王寅丽译，上海人民出版社 2009 年版，第 181 页。
③ ［美］汉娜·阿伦特：《人的境况》，王寅丽译，上海人民出版社 2009 年版，第 177 页。
④ Regina Kreide, "Digital Spaces, Public Places and Communicative Power: In Defense of Deliberative Democracy", *Philosophy and Social Criticism*, Vol.42, No.4-5, 2016.
⑤ ［美］汉娜·阿伦特：《人的境况》，王寅丽译，上海人民出版社 2009 年版，第 53 页。

　　行动是对立于私人性的公共领域的内容，行动的本质是人们对自我"卓越"的勇敢追求，它代表了对"差异性"最热烈的表达，因为在私人领域那里由"同一性"（sameness）所运作的"规范化"在公共领域彻底无效，"行动只能以是否伟大的标尺来衡量"①。在这种意义上，行动必然是政治的，最严格的公共领域也定是政治的公共领域，而进入公共领域的人是自愿的、有勇气的，他们是不甘心停留于晦暗并敢于"牺牲私人偏好"②而以言行投入公共生活中的人；相反，不进入公共领域的人除了被强权剥夺权利的人群外，是在"自我排除"（self-exclusion）的意义上的，它在阿伦特那里没有任何贬损之意，只是一种生活方式的"自我选择"（self-chosen）③。阿伦特真正担心的不是"自我排除"的人，而是社会的侵入式扩张对公共领域造成的严重伤害：当私人领域的内容向公共领域泛滥，当"有趣""细碎"的东西入侵公共性的界限，就破坏了公共领域的固有结构，带来了现代政治/公共性的隐退和衰落。阿伦特严肃地提醒我们，"公共领域可以是伟大的，但它却恰恰不能是迷人的，因为它不包括细枝末节。"④这种"伟大"，与"手段—目的"论彻底无关，不在于它的动机也不在于它的成就，只存在于人的行动本身的展开过程（performance）⑤之中。

---

① ［美］汉娜·阿伦特：《人的境况》，王寅丽译，上海人民出版社 2009 年版，第 206 页。
② 参见阿伦特的此篇论文，后文将对此点展开讨论。Hannah Arendt, "Public Rights and Private Interests: In Response to Charles Frankel", in Michael Mooney, Florian Stuber (eds.), *Small Comforts for Hard Times*, New York: Columbia University Press, 1977.
③ Hannah Arendt, *On Revolution*, Harmondsworth, Mx: Penguin, 1990, p.279.
④ ［美］汉娜·阿伦特：《人的境况》，王寅丽译，上海人民出版社 2009 年版，第 53 页。
⑤ "performance"一词在《人的境况》中被翻译为"表演"。阿伦特用 performance 来形容行动，强调的是行动的非目的性和超越了手段范畴的人的自由。performance 有"技艺"的向度，行动的意义就在于技艺精湛的表演本身。虽然在古希腊哲学中也用 performance 来指涉行动，但亚里士多德在强调政治是一种技艺的同时，还认为仅有技艺是不够的，行动还需要合乎"德行"（good character）才是好的统一。而阿伦特返回古典，另一方面又对隐含在古典中的目的论色彩作了彻底清除，强调政治行动的意义仅在于过程本身，这个过程本身就是"善"的，而非所获得、达到的目标。考虑到"表演"一词在中文中的意味，在缺少充分语境阐释的情况下，容易引起读者误解，作者在此处使用"行动本身的展开过程"以作替代。

第四节　社会与政治的边界：网络
交往空间的晦暗与光亮

网络技术更新迭代迅速，从最初 Web1.0 时代的静态 HTML 网页文本，到 Web1.5 技术支持下即时生成的动态页面，再到今天早已成熟的 Web2.0 技术，以交互性网络为特点，实现了对上一代网络技术的颠覆性发展。文本符号创作的低门槛化，即时的视频沟通技术，畅通的多人在线平台……Web2.0 的技术突破使得"网络民主化"的欢呼不绝于耳，同时不乏对之持谨慎乐观的态度。从阿伦特的侵入式社会理论出发去看这场技术的"盛宴"，我们会怎样理解活跃热烈的网络交往？言说和行动是否发生于其中？虚拟社交空间是对立于私人领域的公共领域吗？

网络政治研究学者叶夫根尼·莫罗佐夫指出一个重要的问题，"人们总是误把社交网络当作政治之地，而阿伦特的理论可以帮助我们看清这一点。"①阿伦特诉诸古典对公私的严格区分去讲述政治的真实含义，与现代政治的通常理解大相径庭：在韦伯那里，现代政治的基础是对权力的争取和分配，政治已发展为"经营"②；在自由主义民主理论（liberal theory of democracy）那里，现代政治是一种"支配的形式"（dominant forms of politics），它关涉的是政府的行政管理和科层制规定，政治资源的分配远比政治的参与要重要得多③。而阿伦特却把政治最原初的本意揭示给我们，政治是一种生活方式，且是真正的属人的生活方式，它是勇敢的人们冲破晦暗的私人生活，以言说和行动在明亮的公共领域中发生的活动，由

① Evgeny Morozov, *The Net Delusion: How Not to Liberate the World*, London: Penguin Books, 2011, p.179.
② ［德］马克斯·韦伯：《以政治为业》，载《学术与政治》，冯克利译，上海三联书店 2013 年版，第 55、81 页。
③ Elke Schwarz, "Hannah Arendt: An Arendtian Critique of Online Social Networks", *Millennium: Journal of International Studies*, Vol.43, No.1, 2014.

此人们让自身彰显，也能够看见和听见他人，从而与这个人造的世界真正遭遇，赋予原本空洞的它以意义。从阿伦特的视角看过去，政治全然是另一幅图景，它不再是什么高远莫测、远离人群的东西，而是一种可能通达至每个人的生活方式。那么问题也随之而来，我们该如何去界定公共领域的实质性内容？或者说，支撑起公共领域的言说行动的对象范畴是什么？网络空间中所活跃的人的行为是公共性的吗？

阿伦特"古希腊式"的政治观使得"公共性/政治"得以从被异化的社会现实中回归它最原初的内涵，公共领域绝对不允许私人的内容渗入，阿伦特正是看到社会(the social)在根本上是私人领域向公共的泛滥，才判定现代公共领域走向衰落。但阿伦特对公私界限的严格划分也为其理论招致了质疑。哈贝马斯认为，阿伦特的政治概念要变得有用，就必须扩展到把社会经济问题纳入考虑范围，这是现代世界的政治不可缺少的维度。① 在今天的网络空间中，社会性(the society)问题是推特、脸书、微博、网络论坛等各种社交平台的主题，即使政治倾向明确的网站，用户的具体讨论也与社会问题紧密关联。如果阿伦特坚决守护公共领域的"纯粹性"，阻止社会的内容侵入公共，那么这是否过于严苛？或者如哈贝马斯所言，这样的区分不适用于现代，也即现代的公共交往不能离开社会性内容，是这样吗？指责阿伦特以切断公私之间的关联的方式来守护公共性，是不准确的。阿伦特对于公共性的守护之根本目的在于呼吁人们回到真正的政治本身，她所守护的是公共领域的健康本身，是人们对于公共世界的爱。维拉(Dana R. Villa)指出，"相对于政治行动的精神和形式结构，内容的问题是次级的或从属性的。"②但尽管如此，我们并不能就回避内容的

---

① Jürgen Habermas, Hannah Arendt, *On the Concept of Power*, in *Philosophical Political Profiles*, trans. by Fredric Lawrenc, Cambridge: MIT Press, 1983, pp.172 - 173, 转引自[美]达娜·维拉：《阿伦特、亚里士多德与行动》，陶东风编译，载陶东风等主编：《文化研究》第26辑，社会科学文献出版社2016年版。

② [美]达娜·维拉：《阿伦特、亚里士多德与行动》，陶东风编译，载陶东风等主编：《文化研究》第26辑，社会科学文献出版社2016年版。

问题，它是今天网络公共性研究必须要面对的难题。

在阿伦特那里，社会性内容向公共领域流动意味着强烈侵犯。如果从内容的差异性来理解，那么，在公共空间①内谈论社会的、经济的话题显然就败坏了其成为公共领域的可能。如此一来，就可以对网络技术的公共性问题给出明白无误的否定性回答了。这样的判定显然是武断的，这是对阿伦特理论简单粗暴的理解，也是对研究对象不负责任的处理。社会性是私人领域的扩张，而私人领域是对立于明亮的公共领域的"被遮蔽"的晦暗不明，"劳动"和"制作"当然是私人领域的内容，但通过对它们自身的特点以及"行动"与它们之重要差异的理解，我们可以说，在内容的层面之外，更为重要的是作为一种"表征"（presentation）的意义，它们由"劳动"的消费性、无世界性，"制作"的目的性、内在的孤立性，以及缺乏"行动"的"复数性"特征延伸而来：（1）消费性的单调、周而复始的自我吞噬和空洞。（2）仅在"使用—满足"的层面进行工具性的使用。（3）在公共的交流中"被看见"和"被听见"的"我"，并不是真正的"我"，而只是"我"的碎片甚至假象。换句话说，"我"并不能或不愿通过我的言行去"表达"和"成就"（accomplishment）自身。（4）在公共的交流中，"我"也不能真正"看见"和"听见"他人，他人要么是无意义的他者，要么是可能达成"我"的目的的手段。（5）主体间的交流只凭兴趣和偏好选择在立场相似的人之间展开。

阿伦特对"社会性"内容入侵"公共性"领域持强烈批判的态度，但哈贝马斯的质疑推促我们作进一步思考，即如果简单地把这种"拒斥"从内容层面挪用、移植到现代社会，那么我们抬眼所见的几乎所有的公共交往平台都将与"公共性"相去甚远，理论的规范与既定事实之间出现无可弥合的鸿沟。因此，我们必须超越内容的层面去探究规范性背后的依据，为媒介技术带来的新问题提供更恰当、深入的理论视野。从内容到"表征"，媒介公共性的问题变得清朗起来。

---

① 公共空间，在这里是一个单纯的非术语的表述，即能够公开表达的网络平台，不同于公共领域/公共空间/公共性的术语指称。

　　为了方便研究的具体展开，我们可以依据虚拟空间的主要性质来作类型划分，大体可以分为三类：以交友、休闲娱乐为主要目的的网络空间、多主题的社交媒体平台，以及专业性较强/分类较细化的虚拟社区。第一类平台有非常明确的交往目的，即用户围绕美食、购物、娱乐休闲、交友等主题展开目的性明确的交流，在这一类虚拟空间中，"社会性"所"隐喻"的"消费性/消耗性"空虚成为明显特征，阿伦特的消费性概念是"劳动"的关键词，它意味着对于生命的必然性要求的服从，在这个意义上，阿伦特看到的是作为"劳动动物"的与所有有机体之间无任何差别的"身体—生命"本身，沉浸于"生命过程的消耗"使得富足的表象下是一种"不能在劳动过后把自身确定和实现为永恒主体"的空虚。① 尽管休闲活动对于现代人来说无疑是重要的（无论在生产还是再生产的层次），但以消费性/消耗性为根本特征的交往不可能是公共性的，它无法生成真正的言行（speech action）。在一些娱乐性空间如游戏贴吧中，有时也会出现主题延伸导致的政治表达的"歪楼"，或者某个主题帖直接关涉到游戏主题之外的话题讨论，比如在魔兽争霸的贴吧中，有主题帖"国人为什么总喜欢把能力和品质联系在一起"，在清一色的游戏话题讨论中显得颇为"格格不入"，讨论区冷清，只有 7 人参与话题，回复也多为一两句话，并被玩家的"只讨论游戏比赛就好了"及时"纠正"。在"社会性"的"指征"中，工具性使用是娱乐消费空间的内在规定性，人们聚集在一起是出于明确的目的和相似的兴趣。消费性的"周而复始"是"先在的"空间性质，进入其中的人们从一开始就明白自身行为的目的，这类公共平台只是私人空间的公开形式，是明确的社会性虚拟空间，人们不期待在这里遭遇世界。

　　第二类平台是多主题的社交媒体平台（social networking site，SNS），诸如推特、脸书、微博、微信等为代表的虚拟社交空间，人们在其间发言、关注、转发、评论自己感兴趣的话题，人们之间的互动由共同兴趣的主题

_____

① ［美］汉娜·阿伦特：《人的境况》，王寅丽译，上海人民出版社 2009 年版，第 135 页。

中介或原本就是熟人/朋友的关系。尤其当虚拟社交平台在 4G 技术的推促下从 PC 端转向移动端，深入现代人的生活而成为很重要的交往方式，那么它在阿伦特的理论观照下是怎样的图景？前文谈到过，阿伦特承认技艺人（homo faber）通过工作产品为世界增添了有用之物，但世界远不止于此，英国学者卡诺凡（Margaret Canovan）指出，阿伦特"眼中的、她所理解的世界……与其说是人造的家园，不如说是由多样的文化对象和文化背景所构成的世界"①，人通过行动与世界遭遇，才真正赋予其以意义。而阿伦特对于行动的主体提出了明确的要求，即复数性，也正是卡诺凡所言的"多样的文化对象和文化背景"。那么虚拟社交空间中的言说主体是复数的吗？何谓复数？

"行动"之所以被置于积极活动的最高等级，原因就在于它赋予了世界以意义——给予世界"开端启新"（new beginning）的可能。因为行动着的主体在世界中所处的位置各不相同，人们彼此区别又相互联系，这种个体差异性是行动的前提和保证。行动领域的差异性所强调的不是人的天生特质差异，而是人们在同一世界中分别处于不同的角度去观察和理解这个世界对象，它是文化和世界观的差异。更重要的是，尽管人们的位置各不相同，个人眼中所见的世界也各有千秋，但通过言与行（by words and deeds），人们可以确认大家所见的是同一个世界（common world）——比尽个体之力所能见的更为澄明的世界。因为世界是通过复数的人们的行动而获得更深的理解，这是在以"同一性"为特质的私人领域中所不可能完成的。同时，也正是有限的、单一的位置限定了人们对于世界的理解，因此，"开端启新"在根本上具有一种对现存世界的质询和积极解决问题的实践向度，我们的世界从而获得了变得更好的可能；从个体的角度来说，它则意味着一种创新性的行动实践，使得人们的未来打开了新的可能，而

---

① Margaret Canovan, *Hannah Arendt-A Reinterpretation of Her Political Thought*, Cambridge: Cambridge University Press, 1995, p.109.

不只是对过去的简单延续和遵从。①

　　因此，现代的政治投票、陪审员意见表决，或者由累积意见所形成的所谓"公意/舆论"等在阿伦特看来都不是复数的行动，它们都不具有真正的公共性，因为阿伦特所强调的复数绝非机械式的个人兴趣之简单集合（aggregation of self-interests）。诚然，每个个体由于所处世界的位置不同而看到关于世界的不同图景，但这并不意味着所有视角直接相加的总和就是这个世界的全部，复数的行动所带来的是"对这个共同世界的兴趣"（the interest of the common wealth），它超越了任何个体所能达到的私己兴趣（private interest），是通过异质的、平等的主体间的言语行动而最终获得的、跃出个体之有限性的对世界的理解。② 需要强调的是，这种"超越"在阿伦特看来，绝非简单的信息传达层次的交流就可以达到的，它意味着"一种自由的行动"："在两种兴趣之间有着本质的差别，即'有限的个体的兴趣'和'对人们所居住于其间的这个共同世界的兴趣'之间不同……为了认识和拥抱这个共同的世界，人们不是要点亮个体的兴趣，而是要牺牲掉一部分，尽管这种牺牲经常会遭遇到抵抗，因为对私人来说的必要性的东西通常比共同的善显得更为紧迫和重要"③。只有对私人性的克制和牺牲才可能达到公共性的善，才可能在与世界的真正遭遇中"开端启新"而带来更好的属人的生活。因此进入公共领域是勇敢的人的关于自由的行动，它不可能属于被规范化所统治的大众。需要提示的是，阿伦特从来不是什么政治精英主义者，她反而是要激发每个普通人投身于真正的公共生活。

---

① Sophie Day, Victoria Goddard, "New Beginning Between Public and Private: Arendt and Ethnographies of Activism", *Culture Dynamics*, Vol.22, No.2, 2010.

② Rudi Visker, "Beyond Representation and Participation: Pushing Arendt into Postmodernity", *Philosophy & Social Criticism*, Vol.35, No.4, 2009.

③ Hannah Arendt, "Public Rights and Private Interests: In Response to Charles Frankel", in Michael Mooney, Florian Stuber(eds.) *Small Comforts for Hard Times*, New York: Columbia University Press, 1977, p.105.

那么，以推特、脸书等为代表的社交媒体上所活跃着的参与者是"复数"的吗？"复数"可以化约为"多样性"吗？此类信息交往平台颇受研究者关注，很多观点都把它视作民主化进程中的潜在推进力量①，当然也有很多反对意见。对于所谓 SNS 是否具有民主化的潜能，很多研究以社交媒体在"多元信息交叉接触"中的角色为重要考量指标，一般有两种相对的观点：一种认为 SNS 扮演了多元差异性信息接触（diversity facilitation）的角色，另一种则认为它在根本上是观点意见的极化。关于前者，SNS 为大量的异质性观点的发布提供了平台，这点是其他的虚拟空间所无法比拟的，用户在 SNS 上所接受的新观点远多于其他类型的媒体空间，这也在一定程度上加强了弱关系（weak relationship）的连接，尤其是相对于脸书等熟人社交而言，陌生人社交的推特更具有形成公共意见的潜能。关于后者，尽管多元信息和观点流淌于 SNS 的虚拟空间之中，但是人们还是倾向于接受、关注、互动与自己立场兴趣相近的观点和信息，比如推特，尽管异质的信息充斥于其间，但人们可以自主地选择设定关注对象的列表，从而在一定程度上限定了异质的信息流，尤其对于轻度使用者（light users）来说这样的信息大为减少；同时，同质化又在算法机制的过滤泡作用下被进一步加强，受限的内容推送结构加上用户的选择性接触使得多元差异性只是一场表面的信息盛宴。② 我们看到，对于第二种意见来说，空间的"同质化"是民主失去结构性支撑的关键点③，它给社交网络空间打上了明确无误的"去公共性"的标签。而对于第一种意见来说，即便这种多元化信息接触在实证研究中被反复确证（这只是一个理论上的纯粹假设），其也不能和复数性画上等号。首先，SNS 中有大量的娱乐性主题，或者说很

---

① Chang Sup Park，"Does Twitter Motivate Involvement in Politics? Tweeting，Opinion Leadership，and Political Engagement"，*Computers in Human Behavior*，Vol.29，No.4，2013.

② Chang Sup Park，Barbara K. Kaye，"Twitter and Encountering Diversity：The Moderating Role of Network Diversity and Age in the Relationship Between Twitter Use and Crosscutting Exposure"，*Social Media & Society*，Vol.3，No.3，2012.

③ Cass R. Sunstein，"The Law of Group Polarization"，*Journal of Political Philosophy*，Vol.10，No.2，2008.

多用户是以娱乐休闲的目的去使用社交网络的，在已有的实证研究中，对信息的差异性接触持乐观态度的立场也包括了娱乐休闲类的"正向"使用数据。但很清楚的是，如前文所述，这类使用在根本上就已经以"私人性"的表征被排除在公共性的领域之外了，因此我们在这里仅对 SNS 中"最接近"的公共性的政治类主题进行讨论。在阿伦特那里，"复数性"不仅是"人们坐在不同座位上"，还是"人们围坐在一张桌面上讨论问题"，即人们在言说着同一个世界，这个世界正是通过这种多角度的言说和一致行动的联结而变得澄明，从而使得世界具有了"开端启新"的可能。然而像推特这样的 SNS 来说，用户的表达篇幅仅限定在 140 个字符之内，如此碎片化的表达形式对于阿伦特来说是"不可思议的"，尤其当大量的图片、emoji 语言和表情包充斥于转发和评论的文本当中，"理性的言说"遂成为极其艰难的考验，建立在此基础上的"开端启新"的可能更是渺茫。另外，对于未被大量转发而成为焦点的推文来说，表达在更大的程度上是"单向"（one way）进行的，人们只是在戈夫曼（Erving Goffman）式的"台前"作自我展示，而并非"彰显"，因为后者意味着"被听见"和"被看见"。

在阿伦特的视角下，SNS 的"公共性"确受到严重质询。但这并不意味着对它的彻底否定：差异性内容接触有争议对某些类型、某些人群、某些区域的用户起到一定的作用，虚拟网络空间不是某个"单打独斗"的东西，它总是在与现实的社会结构的互动中发挥功能。因此，对于信息流动较好、民主化程度较高的社会结构来说，有"异质性"因素的媒介空间成为有意义的推动力量，在信息的传播方面起到正向作用；另外，在言行受到较多限制的社会现实中，虚拟空间所具有的一定程度的异质性信息流动也可能为闭塞的现实结构打开一个通道，从而对于公共性建构起到积极的作用。但是，如果我们忽略具体的社会条件，只单纯地对虚拟交往空间"寄予厚望"或持悲观态度都是不合适的，因为网络技术本身所带来的虚拟空间的不确定性、短暂性特征使得"权力"可能快速勃发又迅速消散："权力"在阿伦特那里更确切地说是一种"交往权力"（communication power)，它不是某个掌握在统治者手中的被物化的实体，阿伦特反复强调，它只可能存在于行动的公共性空间中，它不属于某个统治者而是属于整个行动群体；对此，我们在前文中谈到过，阿伦特把行动区分为两个内在环节，即单个人造成的"开端启新"以及许多人加入后"完成"事业而达成的某个结果，以此强调行动是不能被割裂的，它是人群的权力运动，而非简单的领导和追随。而流动性强的虚拟空间无法给予交往权力的持久性以保证。总而言之，我们对虚拟空间之公共性的讨论不能脱离社会背景，在我们熟悉的"阿拉伯之春"（Arab Spring）和"科尼 2012"（Kony 2012）事件中，虚拟网络空间与社会结构之间的互动一目了然，突尼斯的"革命"之火可以发端于网络，但若失去现实结构性的支撑，它只是短暂的流星；同样，在网络空间中如火如荼转发的美国纪录片也不能就此拯救北乌干达。

最后，对于第三类专业性较强/分类较细化的虚拟社区来说，其以明确的主题或分类为特征，吸引较专业的用户进入平台讨论。[①] 以文学、学术思想、电影和音乐等文化文本为主要讨论对象的豆瓣为例，如果我们依照阿伦特对社会性和公共性的严格边界来看，仅在内容的层面，社会性的主题就已然被拒之"公共性"的门外。而文学、电影、音乐等文化文本仅就内容上看，与政治/公共性有着较远的距离；但我们知道，阿伦特对公私界限近乎严苛的划分是为了守护真正的"公共性"，即捍卫人们以言行投身于其中、与世界遭遇并为之带来"开端启新"之可能的公共空间。因此，阿伦特对社会性的限定更多是在"指征"的层面，如果我们拘泥于内容并以此作简单排除，则是对阿伦特理论的浅尝辄止。以豆瓣来说，它不同于其他商业气息浓厚的网络社区运营平台，甚至社区的页面都是用的少有配图的素朴的小五号宋体字，这在"图片表情高居文字之上"的网络中难得一见。深度的交流和理性讨论得到技术层面的结构性支撑，这里吸引了

---

① 这里排除掉为"劳动"之表征的"消费性"虚拟空间，关于这一点的论述，在前文对第一类平台的分析中已谈及。

"大量青年学者和学生群体，用户所在地也随着留学生的足迹遍布全球，这个庞大的泛学术群体对豆瓣的使用使其成了到目前为止生态环境最好的学术社交平台"①。我们看到，人们出于各自对文学、学术、艺术的热爱而投身于公共平台，他们有着广泛的文化爱好，但对具体的文化思想产品又有着不同意见，虚拟空间结构允许他们进行深度的表达和讨论。豆瓣在社区指导原则中明确提到"宽容和理性地对待不同的看法、喜好和意见"，并在豆瓣"不欢迎的行为"中清晰指出，"禁止滥用产品功能，破坏产品生态及氛围，不限于表现为：发布与条目讨论区或小组主题无关的内容；诱导点赞、回复、投票、刷屏；恶意攻击小组组长或管理员的正常管理行为"。在严格的规范条件下，我们看到豆瓣的"话题广场"所发起的议题和互动有着与碎片化阅读时代迥然不同的"深度"与理性，观点清晰、专业的长文讨论随处可见，"去/少情绪化"的理性沟通使得不同的意见和观点得以交融，"他人"被看见、听见和尊重，复数的他人在公共空间中显现。

另外，在文化艺术领域的交往中，人们讨论的内容总体上是关于艺术产品的品质评判，它与阿伦特所谈及的"趣味"相关，"趣味评判的不仅仅是品质，品质无需争辩……不需要判断来决定，也不需要说服和争取他人的同意……"，而"趣味决定了谁在世界内相互归属……一个人通过他的判断方式，在一定程度上揭示了他自身"②。因此，出于对一个共同世界（这里隐喻的是"文化世界"）的热爱，不同观点的人们通过在思想的深度交往中"彰显"自身，在这个公共的平台上活跃的人们跳出了"手段—目的"的工具范畴，思想的交流以及交流所带来的对文化的新见地，这个过程本身就充满意义。因此，这样的公共平台，具有不可否认的公共维度；尽管共同的"文化世界"与阿伦特所谈的"同一个世界"有一定差别，因此它不属于严格意义上的政治公共空间，但"公共性"背后的行动结构在这

---

① 陈琰娇：《豆瓣时代的文学研究：打开〈打开文学的方式〉》，《中国图书评论》2017 年第 8 期。
② ［美］汉娜·阿伦特：《过去与未来之间》，王寅丽、张立立译，译林出版社 2011 年版，第 206—207 页。

个虚拟空间中得到支撑。除豆瓣之外，此类的公共平台当然有很多，但豆瓣可谓虚拟社区中"去商业化运营"程度相对较高的典范，也拉开与SNS技术结构的距离，公共性的讨论由此成为可能。

新媒介技术以风驰电掣的速度发展着，它不仅成为生活的一个重要组成部分，甚至改写了生活本身。当由技术所联结的交往空间成为现代人逃不开的生存境遇，对技术空间的讨论就自然而然变得极为重要。新媒介技术所允许的即时互动性在丰富的技术应用中极大地扩充了交往实践的边界，虚拟与现实加速糅合，个体主动或被动地、最大限度地向他人和世界敞开，自我表达也成为一种卷涉进世界的必要手段。那么，这个几乎所有人凭靠媒介技术都可以轻松进入其中的公共空间，是否就理所当然地具有"公共性"？现有的学术回应中有一种声音无法忽略：哈贝马斯的"公共领域"概念成为物理性的公共网络空间的哲学表达，它们之间的亲和性被草率地一笔带过甚至作为理论前提，略过论证而直接进入经验性分析。

对此，我们从阿伦特的视野进入寻求答案。因为阿伦特比哈贝马斯更强调"行动"本身，即作为"过程"而非"目的"的人对世界的积极投身。宏大的研究问题逐步分解落实："公共性"在阿伦特那里被明确为"人"以"行动"的方式进入"公共/政治"空间，即人与世界遭遇并赋予其意义，对立于"公共/政治"的是"私人"；那么何谓"行动"，何谓"公共/政治"空间？我们尝试对阿伦特理论作艰难爬梳后，整理出四个规范点：(1)主体：必须要有差异的、复数的"人"。(2)空间：必须有"他人"的在场，不是一个同质化的、静默无声的所在。(3)行动：是行动而非行为，它是由每个差异性个体所发出的、不可操纵的、每个人与他人发生真实关联和互动的过程。因此，它不可预期，并可能带来主体的"开端启新"。(4)对象：有一个公共的事物的对象把大家牵引在一起。

在这四个方面的规范下，我们就可以对媒介技术交往空间的公共性具体发问：它是"光亮的"（政治的）还是"晦暗不明"（私人的）？我们从媒介使用的总体目的上再进一步将其细分为三大类，即购物、旅行、交友等娱乐休闲类的交往空间，SNS，以及小众的专业性交往平台。当然，它们之间也互有交叉，比如"社交＋"在新媒体应用中的广泛嵌入，但这样的分类有着现实依据，也利于研究的展开。在对规范性与事实性作比较的同时，我们也引入最新的实证研究结论去考察不同空间类型的"公共性"。我们悲观地发现，在阿伦特的目光下，媒介技术交往空间暴露了它根本性的问题，它与"公共性"相距甚远："多元"不代表差异和复数，"自我表达"也不意味"人"的"自我彰显"。人声鼎沸的 SNS 和娱乐空间实则可能是静默的，每个人自顾自地大声说话，并不必听见和看见他人。碎片化的字数限制和图片压过文字的情绪表达，使个体只是在热闹人群中的孤独的"私人"，阿伦特把"私人的"视为"无世界的"，因为其中只有自我，没有他人，更没有与他人的真实关系，就更不可能投身"复数的"的世界并用自我的行动去参与和改变它。在阿伦特的视角下，宏大的问题得以细化和落实，但批判理论也不可避免暴露出它内在的悲观，"不断地以自然、反思和个性作为批判技术的极权主义权力的基础"①。对于技术实践所提交的理论问题，在当下的学术语境中，这种"悲观性"是"必要且适宜"的，它为我们逼迫出乐观的盲目性，为我们点明多元表象背后的单调与孤独。

但在保持警醒的另一面，我们也不必矫枉过正、陷入彻底的否定，光亮的潜能仍是可见的：其一，在专业性的小众交往平台中，字数的包容、图片符号的限定、严格的规范等技术支撑使得差异化的个体成为可能，深度的阅读和理性的交往才使得"他人"可能被看见和听见。这一点渗透在阿伦特的阐述中，哈贝马斯作了更清晰的强调，如果公共领域被描述为"一个关于内容、观点，也就是意见的交往网络"②，那么"公共意见"就是

---

① ［加］安德鲁·芬伯格：《技术批判理论》，韩连庆、曹观法译，北京大学出版社 2005 年版，第38 页。

② ［美］汉娜·阿伦特：《过去与未来之间》，王寅丽、张立立译，译林出版社 2011 年版，第206—207 页。

综合过滤处理之后的交往之流的重要结果。而意见形成的过程本身才是公共性的要领所在，这个过程要求对议题和提议的同意，它依赖于"商谈水平和结果的质量"，以及对"建议、信息和理论所作的合理处理"①。这些必然要求高质量的语言交往作为前提，反之，碎片化的、娱乐式的日常闲谈不可能带出世界中真正的行动者。另外，尽管把个体联结在一起的主题可能与政治无涉，但"政治的"本身并不必然就只能在狭义的政治主题内找寻，审美与艺术也是关于"世界的"文化趣味。

其二，尽管 SNS 等交往平台并不具备"公共性"的实质，但我们需要注意的是，无论技术交往在生活中占据怎样的地位，它都不可能完全替代和覆盖其他的交往方式而成为唯一的存在形式。或者说，虚拟的边界不断扩展和改写实践，以至于彼此模糊相互渗透，但虚拟空间都不可能等同于实体性的生活，在媒介技术交往空间中的每个人都真切地嵌入在生活实践之中，也嵌入在其他的交往形式里。因此，"公共性"在技术空间内不能实践，但它可能拖拽和裹挟着潜在的影响而延伸至虚拟空间之外的其他维度。它有一些吉登斯"结构自反性"理论的意味，从社会结构中释放出来的能动作用反作用于其社会存在条件②，只是在我们看来，社会结构是包括不同的部分和层次的，其中某个部分尚未实现但潜在的能量有可能在其他的部分中被释放出来，而这些不同的部分都作用于同一个社会系统。

---

① Chang Sup Park, "Does Twitter Motivate Involvement in Politics? Tweeting, Opinion Leadership, and Political Engagement", *Computers in Human Behavior*, Vol.29, No.4, 2013.

② ［德］乌尔里希·贝克、［英］安东尼·吉登斯、［英］斯科特·拉什：《自反性现代化：现代社会秩序中的政治、传统与美学》，赵文书译，商务印书馆 2014 年版，第 146 页。

第三章 话语运动中的中国当代社会观念变迁

　　交往理论描绘出社会变迁的画面：作为行动者的个体投身于世界，在公共生活中、在日常互动中，参与进社会的生成。生活世界的涌动与系统的持存是二分的，生活世界是人的行动、共同参与所凝聚汇集起来的规范与文化，行动参与者对彼此共有的文化、价值和规范作彼此间的协调、配合，从而交织起生活的世界，而系统是由行动者的非预期后果所带来的有序秩序。生活世界与系统所对应的理性类型是完全不同的，沟通理性与工具理性对应了两种不同的行动，即交往行动与工具性的系统中的行动，现代社会的系统殖民了生活世界，也就是说在系统中所运作的理性形式成为支配性的、压倒性的力量，对社会世界中流淌的交往理性行使"霸权"。但哈贝马斯并不就此否定、批判系统，或者说由于系统的强权而否定现代性和理性。因为哈贝马斯看到系统存在的合理性，人类社会历史演化的过程也是系统与生活世界分化的过程，只靠日常生活实践与互动诠释已经根本不足以应对社会历史的演化，系统的分化因此是合理的。而沟通交往理论之所以能够面对分化出来的系统而依然不陷入悲观、面对"殖民"的威胁也仍然寻求可能抵抗的空间，就在于这种理论对行动所寄予的希望与信念。人的行动、超越目的理性的行动，是强大的，是可以被实践的，可以凭靠这种行动支撑起一个现代人的主体性尊严。

　　因此哈贝马斯虽然是法兰克福学派第二代学术领袖，但他着实已经远离了阿多诺、霍克海默，分析语言学为哈贝马斯提供了撬开灰暗现代牢笼的武器。

福柯不认同拯救现代性的语言学的武器。福柯不说"语言"，福柯说的是"话语"（discourse）。福柯不说"讲话的人"，福柯说的是"话语的对象、被话语洪流裹挟的个体"。社会的变迁，价值观念的变迁，在福柯看来，是因为话语的力量，尤其是知识话语捕获了个体，个体臣服于"真理-话语"，没有给你下命令的某个手握强权的"统治者"，也没有制造出科学真理的什么整体的意识形态，只有无主体的话语之网，来自四面八方的权力关系永恒地在其间流淌，人们认同真理，人们追求真相，何谓对错，何谓恰当，在这种真理话语的流变中完成对每个个体的洗礼。相比于哈贝马斯的乐观色彩的"信念"，福柯的批判理论无疑是"阴暗的"，他不可能去讲述行动者，但福柯的话语权力理论是深邃的，虽然这种理论深处的"阴郁"受到批评，但即使不喜欢福柯的人也很难真正反驳他的观点，权力的运动，知识话语与权力的合谋，无处不在涌动的暗流，的确使得交往行动成为乌托邦的理想，无处安放。

我们在本章中要处理的是中国社会观念变迁的问题，重点考察社会道德话语，也会探查环保意识的改变。我们使用话语考古学（discourse archeology）的方法，因为对于当代道德和环保知识的变迁来说，相比于勾画权力关系中"计谋"的系谱学，更重要的是某种"客观"的知识结构何以形成、改变，用考古学进入结构的内部去看这场运动的发生。

第一节　道德"滑坡"了吗？

社会道德是支撑起作为现代国家之必要环节的市民社会的内在机制，道德的立场是司法有效性的根据，也是人们从"个人"跃升"主体"的凭靠，即从"personality"发展到"subjectivity"。而道德，不只是主观的价值判定，而且是人们在具体的市民社会领域中被教养的结果。在中国当代社会中，当大量极具道德争议的事件出现，我们很有必要揭开它或好或糟的表象，进入内部一探究竟：如此这般的"结果"是怎么被生长出来的？

中国的改革开放政策实行至今已有四十年之久，经济与文化的双重变革带给当代社会道德强烈的冲击：今天社会一方面有着诸如冷漠旁观、助人被讹等关乎"道德滑坡"的严重焦虑，另一方面也有很多志愿者以个人或组织的方式参与到救助和社会服务中。近年来，与中国社会道德问题相关的负面新闻屡见不鲜，尤其是食品安全问题（甚至有些国家和地区已禁止进口中国的部分产品）、助人被讹、冷漠旁观等事件层出不穷。有新闻报道，上海的一个路人看到有老人摔倒，他选择了扶起老人，但请旁边的人用手机录视频为证，防止被讹。新闻中这样写道："32 岁的毕坤将视频给自己的父亲观看，父亲表示，在他们那个年代，把摔倒的人扶起来是再正常不过的一件事了。"①

这种改变意味着什么？这是中国当代社会道德滑坡的显证吗？一方面，社会道德滑坡几乎成为一个"共识"，人们对助人为乐学雷锋的父辈"老时光"的逝去摇头惋惜；但另一方面，在很多人类灾难性事件面前，国际志愿者援助组织中不乏中国人的面孔，在中国国内更是如此，汶川地震、雅安地震、新冠疫情……在这些灾难性事件中，个体志愿者成为极其重要的力量，他们中有党员志愿者，也有很多是群众自发组织的民间志愿者，而且不只是重大灾难性事件，志愿者的身影越来越"常态化""日常化"。道德滑坡与帮助他人的自主意愿，它们并行不悖地同时出现，这似乎是逻辑矛盾的，但也提示我们如果简单归因于改革开放后市场经济对社会主义道德叙事的冲击，这可能是不充分和不恰当的。"道德滑坡"的文化现象是复杂的，我们要问：它怎样被生成？支撑它的内部机制是什么？

当一系列关涉社会道德问题的负面事件被人们广泛知晓时，它们迅速逸出了作为"新闻事件"的单一性、偶发性、非常态性和时效性，转而发

---

① 巩汉语：《扶老人时拍视频留证，网友吵翻了，当事人回应》，澎湃新闻微信公众号，2022 年 12 月 3 日。

酵成强有力的话语团块，当话语链条在运动过程中，聚合的速度始终大于其变形和消解的速度，话语所成就的对象就是重要的、值得被严肃对待的事实。不容回避的道德问题横亘在所有人面前，有关"道德滑坡""道德危机"的提醒也比比皆是，它作为"舆论"在主流媒体和门户网站的评论和讨论中被再一次"确证"，道德滑坡或危机似乎已成为事实；重要的是，它在学术研究中被当作研究的起点和预设，相关研究从量化、历史、文化研究等多领域展开。但极其重要却被我们忽略的一点是，所谓的"道德危机/道德滑坡"是学术断言（judgment），还是只是人们的主观感受？如果人们已然处于"危机"这种情境下，那么这种非常态的、"崩溃"作为其下一个环节的、特殊的情境，它已经持续了多久？倘若它只是人们的主观感受，那么作为"结果"的、如此这般的"感受"何以可能？真实发生的又是什么？

回答这个问题，需要以具体的"道德形态"为对象，去看它所经历的从"饱满"到"衰弱"的变迁的过程，把握支撑这种变迁的背后的机制性环节。这里就涉及两个方面的问题：其一，对抽象"道德形态"的具体落实。再者，对于第一个问题，道德形态可以通过社会学、人类学的研究方法在具体鲜活的生活中把握，也可以在"反映论"的框架下，用文本研究的方法去把握道德形态的变迁，这两条路径也是当下该领域研究的主流。道德，宏观上说，是现代国家之正当性得以支撑的那个重要的普遍性的伦理依据，但抽象宏观的道德落实下来，一定表现为道德行为之施动者的主体的行为实践；而道德行为主体（moral agent）又总是被安放在具体社会关系中的具体的人，支撑其道德行为变迁的正是这样的行为主体，其在具体的社会关系中所经历的变迁，即主体的身份所摆放的位置、承担的功能和职责的变迁。这是本章要去把握的"道德形态"，同时也回答了第二个问题，支撑起道德变迁的机制性的环节必定是极其复杂的，它只能由不同的学科视角进行有选择的把握。在本章中，道德行为主体实践背后的"主体身份"变迁是笔者要去探问的支撑起道德变迁的重要环节，变迁是否发生？变迁是否具有结构性的意义？

　　"道德行为的主体行为实践"作为本章要去处理的"道德形式"的研究
对象,社会实践可以被把握为话语实践(discourse practice)。而话语强调
的是功能性的"使用",它从根本上是彻底的"反文本"和"反阐释学"。句
子/文本"只是话语机能的始点:句子将在彼此间装配并将在某个社会文
化的语境中被陈述;因而,它们自身转变为陈述(statement),语言转变为
话语"①。在理论上,我们使用福柯的话语分析(discourse analysis)理论框
架,具体落实为话语考古学的研究方法。考古学虽然看上去一直在处理
"文本",但它与文本阐释方法"恰恰相反:它不想阐释文本,而想要展示
句子之间的关系,说明为什么说出的是这些句子,而不是另一些句子"②。
我们用考古学话语方法要处理的是,道德话语实践为什么在一定历史空
间中以一定的、独特的方式被构型(constructed),它们的差异性何以可能?
在研究资料的选用上,本章选用《人民日报》为代表的官方媒介话语(结合
文学话语和法律话语),意在说明即使是"最接近"意识形态的、最不易受
到"干扰"的官方媒介话语,其内部也绝无可能"铁板一块";如果说话语实
践是牵动着历史和社会发展的源动力,它是力与力的较量无时无刻不在
发生着的、广袤巨大的"战场",那么,官方话语实践就是这个"战场"中最
为激烈的一隅。在话语的视角下,没有文本、没有写出新闻的作为意识主
体的记者、没有创作出文学作品的主体的人,也没有诉诸"宣传"的意识形
态——只有散布并持续运动于巨大历史空间中的无数的"环",它们可能
彼此勾连、聚合,也可能在彼此的碰撞中消解、变形;没有"说话"的"主
体",只有自行运动,以及在运动中生发和不断变化的、有内在构型规则的
话语的链条和团块,它们是话语实践的"结果",与意识形态无涉,而同时,
它们与意识形态之间的张力也正是道德定界焦虑的根本源头。对复杂结

---

① ［法］茨维坦·托多罗夫:《文学的观念》,俞盛宙译,载白轻编、［法］米歇尔·福柯等著:《文
字即垃圾:危机之后的文学》,赵子龙等译,重庆大学出版社 2016 年版,第 217 页。
② ［法］伊安·哈金:《米歇尔·福柯的不成熟的科学》,孙长智译,载汪民安等编:《福柯的面
孔》,文化艺术出版社 2001 年版,第 76 页。

果的来龙去脉的把握，是问题可能得以针对性解决的前提。

在具体的资料选取上，我们以 20 世纪 80 年代至今的四十年的《人民日报》为主要对象，也包括相关的经济和文学话语，并结合有关价值观大讨论的几个重要的媒介事件；遵从话语考古学方法的原则，即不对研究对象作任何"先在的"、边界的人为设定，因为我们无法事先就何谓"道德的行为"去圈定边界，故不使用"关键词检索"等文本分析常用的取样方式，而是对每日、每篇的报道进行人工筛选和分析。①

道德（moral）究其根源，是从抽象法（abstract right）过渡而来；从外在强制到自我规定性，抽象法上升为道德。② 因此，在道德那里，必定蕴含了内置于抽象法的"普遍性"——包容了"特殊性"（particularity）并作为"特殊性"之目的的"普遍性"（universality）。这意味着道德一定不是"先在"的，它总是为了结成某种共同体而生成的具有普遍性的行为规范和价值准则；而且，道德不能停留于抽象的普遍性，它必须被坐落为具体的、包含了对特殊主体的规定性，"正是这种主体、主观的特质，使道德义务的履行成为现实的"③。因此，对道德的理解必须在具体的社会文化实践中展开，没有完全脱离"公共性"的、纯粹"私人"意义上的"道德"："居支配地位的社会机器在哪一点上对其公民此时要求一种行为，彼时又要求另一种行为……哪一种社会机制导致了一种道德行为，哪一种机制又造成了这一行为的崩溃"④是我们去把握道德变迁所依傍的基本思路。因此，当我们对当下社会的道德现状发问时，我们实际要问的是，道德行为在当下是怎样被定界的？它曾经又是如何被定界的？定界的方式如果发生了变化，那么这种转变是结构性的吗？

---

① 每年的报纸资料，对其中的 6 个月进行处理，隔月使用。话语研究方法并不要求对对象作全文本式的分析，而是要能把握住话语运动的轨迹，捕捉话语的变形、分裂的节点。

② ［德］黑格尔：《法哲学原理》，范扬、张企泰译，商务印书馆 2018 年版，第 112 页。

③ 高兆明：《黑格尔〈法哲学原理〉导读》，商务印书馆 2014 年版，第 302 页。

④ ［德］卡尔·曼海姆：《重建时代的人与社会：现代社会结构研究》，张旅平译，译林出版社 2011 年版，第 28 页。

但对道德行为的定界,不仅指涉道德的内涵,即对"什么是道德的行为"的界定,研究者更需要去探问的是不同时代对于道德行为的要求为什么发生了改变。比如"跳水救人"的行为本身,在任何时代都是毋庸置疑的、公认的"道德的行为",但问题在于,不同时代对人们的道德水平的要求是有差异的。即使救人导致了施救者的牺牲,在某些历史时期也是无可争议的"应然",但在今天,它可能就会引发更多的关于施救者的个人能力和自我保护的讨论,曾经不可辩驳的"应然"已失去了"道德律法"般的约束力。对于学术研究来说,我们不能只是简单地把后者在现象的层面解释为"道德危机",而是要去追问是什么推动了这种变迁的发生。

而对道德定界的追问,在归根结底的意义上是对道德行为实践主体在具体社会文化中的"身份"(identity)之变迁的追问。人们总是在争取或改变身份的道路上,身份从不是某个给定的、静止的点,它永远只是一个"暂时的"、阶段性的结果。"身份"的获得有两条进路,它既是一种自下而上的"追求",也是一个自上而下的"宣称",但无论是"追求"还是"宣称",它所诉求或带来的都一定是在具体关系中的人,在我们的研究中所聚焦的就是:行为主体如何在与他者的具体关系中被结构性地安放,如此这般的"安放"又成就了怎样的主体"身份"。

第二节　20世纪80年代的集体主义话语:
主体身份与道德定界的总体一致

阎云翔先生在对中国乡村的田野调查中发现,20世纪六七十年代尽管有政治运动与意识形态的强烈影响,但人们还是在相当程度上享受着集体化的公共生活,具有浓厚意识形态色彩的集体主义新道德观念在那时形成。① 那么,非集体化经济改革在80年代拉开序幕,以及伴随"文化

---

① ［美］阎云翔:《私人生活的变迁》,陆洋等译,上海人民出版社2017年版,第49页。

大革命"结束的思想解禁，会给 80 年代的道德叙事和自我身份认同带来改变吗？

80 年代上半叶，集体主义话语形态在官方话语实践中顺利延续："个体"与"集体"之间没有张力，集体的利益与个体的行动紧密贴合；展开行动的个体并不被鼓励，甚至不被允许去诉求主体性利益，个体行动的意义即在于对集体的成就，"自我意识被认为是不健康的……毫无疑问，追求私利是不道德的"①，个体为了成就集体的自我牺牲是无可争议的道德行为实践。

探究"道德"话语的构型，绝不能采用把"道德"等作为关键词检索的静态文本的处理方式，而是要把"道德"落实为一定历史空间中根据某种原则来展开的具体的人与人的关系；道德话语即是人与人关系的话语实践，话语在运动中构筑出"他我关系"的具体轨迹——在"我"与他者的关系中，如何处理利益冲突？——我们正是在这种轨迹中辨认出什么是道德。在集体主义的道德话语中，个体与集体的关系具体坐落为个体与家庭中的他人、个体与单位集体、个体与国家、个体与社会中的他人之间的关系，对这些关系的合乎道德的处理都遵从一个价值原则，即"自我"的"奉献"。作为一个表意符号的"奉献"，在官方话语中从未消逝，但我们不能由此就断定它具有连续性（continuity），而是要去考察作为一个"主题"（theme）的"奉献"，它的构成在不同时期的内在规则是怎样的。换言之，我们所看到的此时的"奉献"和彼时的"奉献"，总是由各时期的各种新闻报道、文学作品、经济政治政策等文本在互相的缠绕和运动中所构筑而成的话语链条，而这些话语链条又总是变动不居，它们增强、变形或断裂……因此，我们要问的是：这些话语链条在空间中的每一次成型所依据的内在规则是什么？我们面对的绝非静态的文本，只有动态的、作为功能的"陈述"（statement）才能帮助我们去看清。福柯指出，"陈述"不是"话

---

① ［美］阎云翔：《当代中国的道德转型》，《中国战略报告》2016 年第 7 期。

语"的单子(monad),话语总是形成系统的那个"陈述"的整体。"陈述"虽然无法绕过它表层的词义,但"陈述"并非要去探究什么深层的、隐藏的意义,而是它的"功能",即它排斥了什么,拒绝了什么,限定和封闭了什么。① 从作为"功能"的"陈述"出发,我们要问:"奉献"主题在其构成的过程中,自我与他者的关系被怎样摆放? 道德行动主体以怎样的身份出现?

构成 80 年代"奉献"主题的自我与他者的关系散布在生活的方方面面:有居民之间的关系(多民族居民的团结友好②)、药店与消费者之间的关系(药店的便民函售业务③)、厂领导与单位员工的关系(领导对单位员工的爱护,尤其当员工的利益与自己的利益发生冲突时④)、毕业生与工作的关系(毕业生对自己工作选择的价值观依据⑤)、干部与家庭和工作的关系(党的干部对事业的态度,以及对家庭与工作之间的权衡⑥)、妻子与丈夫/婆媳之间的关系(在家庭关系中的女性的美德⑦)。我们需要注意的是,"他我关系"的"我"与"他者",都不是具有特殊性的某个个体,而是普遍性的集体中的成员。也即是说,"他"与"我"的联结不是个体(individual)与个体的联结,而是集体中的"他"与集体中的"我"的关系。"我"和"他"的所有行为实践都是在集体的框架中展开的,"我"的行动本身所成就的也是"集体"或者由具体的"他者"所表征(represented)的"集体"。

"奉献"主题在这一时期的构成方式上遵循这样的规则:(1)在"他我关系"中,"他者"的利益高于"我的"利益,为了前者放弃掉后者,是被肯定和鼓励的道德行为。(2)"他我关系"中的"我",不是某个特殊的个体,而

---

① ［法］米歇尔·福柯:《知识考古学》,谢强、马月译,生活·读书·新知三联书店 2008 年版,第 118—121 页。

② 《"民族团结楼"里的故事》,《人民日报》1980 年 1 月 1 日,第 4 版。

③ 《北京同仁堂药店恢复函授业务》,《人民日报》1980 年 1 月 3 日,第 3 版。

④ 《大伙生活过得好,我心里就高兴》,《人民日报》1981 年 7 月 2 日,第 5 版。

⑤ 《一千多名高、初中毕业生当清洁工》,《人民日报》1981 年 7 月 2 日,第 5 版。

⑥ 《高尚的献身精神》,《人民日报》1983 年 8 月 22 日,第 3 版。

⑦ 《我不能丢下他》,《人民日报》1980 年 1 月 8 日,第 3 版;《解决妇女婚姻家庭纠纷等问题》,《人民日报》1980 年 2 月 25 日,第 4 版。

是嵌入集体中的成员。这个集体可以是具体的，诸如工厂、单位、组织；也可以是抽象的，比如"大学生"不只是某个特殊的个体，更是作为有觉悟的人民群众的一分子。（3）"他我关系"中的高于"我"的"他者"，也不是某个特殊性的个体，"他者"所代表的是高于特殊性的集体的普遍性。（4）在"他我关系"中通过对"我"的"牺牲"去成就"他者"，目的在于"他者"而不是"我"（这与后期的"志愿者"话语不同，后文会作分析）。

话语构成的规则是由"陈述"带来的。"陈述"在"功能"上阻止了什么、定界了什么，使得杂多（complex）的新闻超出静态的"反映论"（theory of reflection）的图圈，在运动中生成具有内在结构规则的话语网络，如此这般的"他我关系"在具体的道德实践中被构成：某检修站的领导，一家六口数年挤在二十平方米的平房中，却心甘情愿把单位新建的宿舍让给他人①；1 200名高初中毕业生在天津自愿做清洁工，他们的父母为子女的选择感到高兴，因为能够为城市的环境卫生贡献一份力量②；在"我为什么上大学"的讨论中，某医学院的大学生们认为，读书是为了人民而学习、贡献自己的青春，只为自己而活的想法是可悲自私的，为大家而活才是光荣的③；水电站的工程师们为了工作"不要命、不顾家"：妻子生产时不在身边，坐月子时家里几乎没有准备的食物，自己胃痛已严重到无法进食还不愿在家休息，跳窗跑回工地继续工作，春节也几乎从不在家过④；有本科学历的商检员拒绝了职业上更好的发展，敬业爱岗，在儿子做心脏病手术的当天选择工作而放弃陪护⑤。

陈述群彼此勾连，聚合成一个牢固的话语团块：牺牲自我利益去成就集体。重要的是，这种"奉献"行为不只是被鼓励和引导的，更是"应有之

① 《把困难留给自己》，《人民日报》1981年1月24日，第3版。
② 《一千多名高、初中毕业生当清洁工》，《人民日报》1981年1月7日，第4版。
③ 《我为什么上大学》，《人民日报》1982年11月11日，第3版。
④ 《高尚的献身精神——记奋战在龙羊峡水电工程的几位党员》，《人民日报》1983年8月22日，第3版。
⑤ 《无私的奉献——记优秀共产党员、优秀商检工作者姜懋青》，《人民日报》1985年12月14日，第2版。

义"，即"不愿舍弃"的行为是自私的、"非道德"的；另外，"我"的"奉献"，以及对"他者"的成就，都不是出自或为了某个特殊的个体，普遍性的集体利益是最高的动因和目的。道德行为主体的"我"，在根本上只具有功能的意义，即作为"他我关系"中的必要的一极（one pole）去完成对另一极的成就。"自我"本身未被"言说"，它是"不可见的"；相反，自我意识的觉醒则等同于"极端的个人主义"，"奉献"和"自私"之间无任何衔接或过渡，它们是简单的二元。

集体主义话语构型在 80 年代后期开始呈现出一些细微的改变：在陈述群簇构成的话语团块上，出现了极其细小的罅隙；曾经全然"不可见的"、从未被"言说的"那个"自我"，在罅隙中有了苏醒的迹象。文学、哲学和经济话语的陈述群，以及女性的婚姻选择、服装审美等陈述群中，话语所构筑的对象不再只是清一色的、被集体身份所模糊、遮蔽掉的个人，而是隐约现出了"自我"，在陈述群的相互缠绕、分裂的运动场域中，"自我"意识懵懂初现，"奉献"主题内部出现了微妙的张力：（1）个人属于集体，但个人利益与集体利益不再绝对对立，即对个人利益的承认并不必然地等同于"个人主义"。（2）文学话语中开始出现对机械化、模式化的"人"的写作方式的批评和反思，即文学应实现对人的特殊性的包容。特殊性的个体的合法性在文学话语中成为可能。（3）哲学话语中对西方马克思主义理论的界定发生转变，它不再被打上反马克思的理论烙印。（4）在日常审美话语中，对特殊性的审美层面的承认，勾勒出具有特殊性的个体的模糊的轮廓。（5）在家庭和婚恋的"他我关系"中，"他者"可以是一个具体的特殊性的个体，而不只是对集体之普遍性的表征。"他我关系"中的"我"，由此在逻辑上卸下了"为集体利益而自我牺牲的行为"才具有的道德意义的外在"规定性"；离婚的行为或从"自我"利益考虑的婚恋观，不再必然地受到道德上的谴责。

在这种微妙的话语运动中，强调"我"之"内在规定性"的"特殊性"的"自我"尚未获得合法性，它在话语场中更多是作为"普遍性"的一个部分或环节的面相被承认的，但我们看到，铁板一块的集体主义话语团块的内部开始出现微妙的张力。"奉献"主题的陈述群囊括进新的对象：我为人人，人人为我。它裹挟着微妙的、崭新的"自我"苏醒的气息，与既有的话语链条间发生交叠和运动……在 80 年代的话语空间中，遵循既有构型特征的集体主义话语团块是坚固的，但由新的陈述所牵动的脉搏毕竟开始跳动了，尽管是以微弱的方式展开。

考古学的对象，是变动不居的话语的统一体，根本没有什么内在于对象的永恒性和独特性，只有不同话语空间中所遵循和展开的不同的话语构型规则，它即是对不同对象进行命名、描述、分析、赋值或判断的有着一系列规则的系统。正是这些规则，使得在一定时期内的陈述对象能够以某种特定的、被规范化之后的方式被统一呈现。① 考古学提醒我们，80 年代的集体主义话语的内部并非只有无差别的对象的同一，相反，其充斥着差异、离散、偏移和非同一性，而那个话语空间中的稳定构型之所以可能，原因在于内在规则系统对离散和差异性的处理。80 年代的两场有大量主流媒体参与的、全国范围的价值观大讨论事件，可以帮助我们看清道德话语构型中的"自我"身份运动的轨迹。

其一是"潘晓事件"。一封署名潘晓②的读者来信在 1980 年 5 月的《中国青年》杂志上刊登，潘晓诉说了其价值观的迷茫：曾经的"生命的意义就在于为他人奉献"的信念，在与有着个人欲望的现实生活经验的碰撞中碎裂了，她遂作出了"主观为自己，客观为别人"的思考。③ 这篇文章引发了一场席卷全国的人生价值观大讨论，中央电视台、《人民日报》、《工人日报》内刊等主流媒介的广泛卷入，使得它成为一个重要的媒介话语事件。媒介陈述群彼此紧密勾连又不断发生断裂和变形。但是，话语运动

---

① ［法］米歇尔·福柯：《话语的配置和话语的实效范畴》，载汪民安主编、［法］米歇尔·福柯著：《福柯读本》，北京大学出版社 2010 年版，第 61 页。
② 潘晓，实际为两个人名组合起来的虚拟化名。
③ 潘晓：《人生的路啊，怎么越走越窄……》，《中国青年》1980 年第 5 期。

有它自身的规则,陈述的功能就在于陈述群能够"说出什么"或"阻止什么",从而给出关于对象的定界。事件最终以"对潘晓思想的批评和教育"为结论结束了这场持续一年之久的全国价值观大讨论,曾经大量涌现的、以"主观为自己,客观为别人"为主题的陈述,在话语运动的场域中不断发生着变形、分裂,最终消散,并不能构筑起新的话语链条。阎云翔教授指出,"公开表达个人欲望是个人主体性发展的另外一个标志"①,而"欲望的不合法"必定强有力地抑制着那个有着"特殊性"的"自我"的生成;但"他我关系"中的"自我"身份从来不是静止的、既定的,它总是在张力中艰难地运动着,无论运动多么迟缓,运动本身都蕴含了话语对象变迁的可能。

　　其二是"蛇口事件"。1988年1月在深圳蛇口召开的一个"青年座谈会"上,"中国青年思想教育研究中心"的三位专家把去蛇口工作的行为区分为"为祖国奉献的爱国行为"和"从个人利益出发的淘金者",现场的青年对此很不满意,他们认为前者是空洞的,而为了个人利益去蛇口奋斗才是合理的出发点,满足个人利益的同时也在客观上繁荣了经济,也是爱国的行为。由此,现场发生了激烈的思想交锋。座谈会在随后的发酵中演变为"蛇口事件",大半年里,《蛇口通讯报》《羊城晚报》《人民日报》②《中国青年报》《天津青年报》《新观察》③《现代人报》《南京日报》《文摘周报》《黄金时代》等主流媒体纷纷介入,"蛇口事件"成为全国范围的价值观大讨论的又一个重要媒介事件。前文谈到过,80年代后期的集体主义话语依然坚固,但已经出现细小的罅隙,"他我关系"中的自我意识有了苏醒的迹象。在"蛇口事件"中,对自我利益正当性的诉求作为重要的新生陈述群,与其他的陈述群之间迅速发生勾联,它们组成了新生的话语团块,"自我"作为话语的对象呼唤着新的身份。《人民日报》开辟的《关于"蛇口风

---

① ［美］阎云翔:《私人生活的变革》,陆洋等译,上海人民出版社2017年版,第252页。
② 《蛇口风波"答问录》,《人民日报(海外版)》1988年8月6日,第1版转第2版。
　《人民日报》于1988年8月8日到9月14日在第3版开设了《关于"蛇口风波"的讨论》专栏,其间收到全国各地的读者来信共1531件。
③ 牧惠:《蛇口青年的名片与答丢夫的手帕》,《新观察》1988年第12期。

波"的讨论》专栏最后一天的编者按①中，也没有习惯性地"一锤定音"，而是为争论和张力留下了空间。

我们看到，在80年代末期的话语构型中，新生的话语团块被成功收编进既有的集体主义话语链条，虽然话语的总体形态尚未改变，但它的内部还是出现了张力和局部的松动。媒介陈述、文学陈述、哲学陈述和经济陈述等各陈述群在相互碰撞和彼此增强、减弱或消解的过程中生成的集体主义话语团块上出现了轻微的罅隙，其中经济陈述群的功能不可忽视：个体经济初现，国家对之持鼓励的态度；同时，经济水平落后，在"消费—财政"二元的框架下，是消费制约型话语，保证财政收入必须要抑制消费。经济话语中的"经济/消费主体"尚未生成，它与懵懂苏醒中的"欲望主体"发生碰撞，构型了80年代的"自我"身份——"特殊性"的自我意识尚未生成。总的来说，这个时期的道德行为定界与道德实践主体的"自我"身份之间基本一致，但内在的张力已经出现。

第三节　20世纪90年代的话语实践：道德焦虑的生成

20世纪90时代是经济和思想都发生重要转折的时期，阎云翔教授认为"中国社会在改革的第二个十年中正经历着结构性变迁"②。人类学家通过田野调查看到的是90年代市场经济转型中的活生生的、有血有肉的个体的生命力，他们的困惑、幻灭、希望和行动；我们在官方话语的运动场域中看到的则是道德行为主体身份变迁的艰难轨迹，它在官方道德话语的定界和"个体"的安放、"自我"与"他者"间的张力中被拨动和改变。通过对"自我"与"他者"关系的话语考古，我们要问：由80年代的构型规则

---

① 《人民日报内部评报依然两种意见》（一组文章），《人民日报》1988年9月14日，第3版。
② ［美］阎云翔：《中国社会的个体化》，陆洋等译，上海译文出版社2012年版，第3页。

所承托的集体主义话语团块在 90 年代发生了怎样的变化？是否生成了新的规则？

80 年代末期，尽管官方话语实践中的"自我"仍被安放在"集体"的结构中，但懵懂苏醒中的"自我"与结构之间已然产生了愈来愈不容忽略的张力；在 90 年代初的新闻话语中，看似与 80 年代无异的奉献"主题"，却有了新的内容：如果我们只是把"话语"当作静态的、语言学层面的"文本"（text），那么我们能发现的也只是表面的意义或者主观挖掘出的符号的"深意"，但"话语实践"意义上的"话语"，从不关注静态的表层，而是现实的行为实践，它是以话语的方式表现出来的、持续运动的社会实践。在这样的理论观照下，我们再去看 90 年代初的新闻话语："关于伦理道德的几个理论问题"①"江泽民等观看豫剧《焦裕禄》"②"把整个生命献给崇高的事业"③"人们说他是雷锋的弟弟"④"办公事，谁也拦不住他"⑤"煤海之子"⑥"希望进一步发扬爱国主义和忘我贡献精神"⑦等，这些话语看上去和 80 年代的"奉献"主题一致，但我们知道，话语实践所呈现的总是多种力量角逐的结果，"奉献"主题所对应的是"个人主义"话语的现实涌动；换言之，正因为被定界为"个人主义"的实践成为不容小觑的话语力量，才会有官方话语对之的对抗、吸收和化解。当整版的、大篇幅的针对"个人主义"的理论批评出现，我们看到的是，和 80 年代的奉献"主题"看似一脉相承的官方话语的背后，是鲜活涌动的力的较量。

话语实践中对"个人主义"的定界，是对"自我"与"他人""集体"或"国家"关系的定界，"自我意识"的合法化程度与之紧密相关。而定界并非

---

① 《关于伦理道德的几个理论问题》，《人民日报》1990 年 10 月 19 日，第 5 版理论版。

② 《江泽民等观看豫剧〈焦裕禄〉》，《人民日报》1991 年 4 月 10 日，第 4 版。

③ 《把整个生命献给崇高的事业——记优秀共产党员、著名谷子专家李东辉》，《人民日报》1991 年 4 月 18 日，第 1 版整版转第 3 版。

④ 《人们说他是雷锋的弟弟》，《人民日报》1991 年 4 月 26 日，第 3 版。

⑤ 《办公事，谁也拦不住他》，《人民日报》1991 年 8 月 15 日，第 1 版。

⑥ 《煤海之子》，《人民日报》1991 年 12 月 16 日，第 8 版。

⑦ 《希望进一步发扬爱国主义　忘我贡献精神》，《文汇报》1991 年 3 月 10 日，第 1 版。

"一蹴而就"，也不是"一成不变"的，它是话语的活生生的运动过程。90年代初关于"个人主义"主题的话语在其构型中，受到"资本主义—社会主义"二元结构叙事的明确限定，它规定了"自我"的运动轨迹。

"个人主义"话语总是在与"集体主义"的二元关系中被展开，支撑起这种关系的是两种社会体制的对立。在"个人主义"主题的延展和变形的运动过程中，"个人—集体"的利益关系，作为重要的"陈述"功能投身于话语实践的洪流。"自我"是"集体"中的成员，"自我"应当为"集体"的利益放弃自身利益——这是 80 年代的奉献主题话语，它似乎在整个 90 年代得以延续：优秀共产党员、劳动模范、著名谷子专家李东辉，身患肺癌，坚持带病研究工作；没时间照顾患癌的妻子，妻子去世；不为子女安排工作，遗产上交国家，潜心研究，心脏衰竭去世。① 邢台煤矿综采队队长郑海波是劳模党员，他强调不能为了自己的"小家"忘了"大家"，全心沉浸于事业，疏于照顾家庭，甚至孩子都不认他。② 武警河北总队邯郸市支队矿区中队长张志刚，抓捕罪犯恪尽职守，"为了党和人民的利益，甘于割舍亲情，无私奉献"③……

考古学提醒我们，要走出"连续性"的静态文本去看话语运动的动态场景。话语运动的内在规则在 90 年代出现了变化：在这一历史空间中的"奉献"陈述群与"个人主义"主题的陈述群相互勾联，它是对"自我—他者"关系的既有结构中已"不再安分"的"自我"的处理策略（strategy）。通过对"自我—他者"关系的权威评判，即以"为了他者的自我利益牺牲"是道德行为的价值判定，去吸收、缓解这对关系中愈渐强大的张力。也即是说，话语策略在于以道德评判的方式去安顿那个"跃跃欲试"的"自我"，从而试图稳定住既有的话语规则。在道德评判的策略下，这一空间中的"奉献"主题有它的特点，其对象少有普通人，大多是"优秀党员"。被"拔高"

---

① 《把整个生命献给崇高的事业》，《人民日报》1991 年 4 月 18 日，第 1 版接第 3 版。
② 《煤海之子》，《人民日报》1991 年 12 月 16 日，第 8 版。
③ 《杰出青年卫士张志刚》，《人民日报》1998 年 12 月 17 日，第 14 版。

的"道德的""自我"，以"超我"(superego)的功能去完成对现实张力的"教化"。但策略的局限性也随之而来：90 年代的经济改革带来的是大面积打破"铁饭碗"的个体"脱嵌"(dis-embedment)，而用以"安放自我"的话语结构上的"他者"，是对既有"他者"的直接沿用，并未经历任何改变。然而，"脱嵌"之后的"再嵌入"(re-embedment)在根本上要求的是由一种"新的传统"所开出的社会整合，即既有的传统必须被重新选择、重新发明，并通过个体的经验所带出的认同才能真实地发挥作用①，但包容自我的那个既有的"他者"，显然无法支撑起这样的要求：要么是不再适用于"脱嵌"之经济事实的"单位集体"，要么是"未经经验化认同"的"组织集体"。只有"国家"层面的"他者"，才具有事实上的合理性。但这样的"他者"，如果没有具体的、可以"落地"的支撑性环节，就难免落入抽象。抽象性的缺陷在"爱国主义教育"的话语实践中一目了然：当"进行主流文化建设的同时，应进一步提倡互帮互助的社会风气"②之类的反思性陈述出现时，抽象性的缺陷显露无疑。"人与人之间的良好关系"，从逻辑上说是"爱国感情的主流文化"的应有之义，换句话说，它是后者得以成就的必要的基础性环节，但当它们在逻辑上被相提并论时，话语策略也就在真实的运动场域中显露出它的有限性。

　　话语是永恒的运动场。如果我们把"一个时代/社会时期"比作有机体，那么话语实践就是构成它的身体细胞，时代的变迁正是话语的快速运动带来的结果。一方面，90 年代的"自我"被"安放"于传统的"他我关系"中；另一方面，"他我关系"本身又发生着变化："自我"与"他者"间既有的结构性差异被淡化。陈述群簇中的"他者"更多指涉的是"集体/国家"，尤其在 90 年代后期，更清楚地指向"国家或社会"，具体的"他人"较少见。我们在上文提到过"脱嵌"和"再嵌入"的问题，当"脱嵌"后的个体不得不

---

① ［德］乌尔里希·贝克、［德］伊丽莎白·贝克-格恩斯海姆：《个体化》，李荣山等译，北京大学出版社 2011 年版，第 30 页。
② 《"遗忘信"的遭遇》，《人民日报》1998 年 5 月 21 日，第 5 版。

从"单位人"转型为"社会人"①，既有的"集体"话语就必须作抽象化处理，否则无法与经济事实对接。因此，80 年代的具体的"单位的集体"变得愈加抽象，这种抽象性大大缓解了自我与他者间原本的结构性的紧张关系，"我"和"集体"的利益在根本上可以是无冲突的。我们看到，这一阶段的话语构型发生了重要改变：自我利益的诉求在一定程度上被"合理化"，尤其当它同时也是"利他的"，就获得了价值上的承认，道德维度的否定性被破冰。

每个时代都有自己的"榜样"，典范性的行为方式浓缩了一个时期的被肯定的价值观。"榜样"主题的陈述群是道德话语构型的重要部分。90 年代的"榜样"主题陈述群由两类对象构成，它们彼此缠绕：一类是前文分析过的"奉献"主题陈述群，另一类是新生的"创业"主题陈述群。后者贯穿于整个 90 年代，并呈不断扩大和增长的趋势。创业的行为与爱国或奉献社会的情感联系起来：知识型创业者迟斌创办生化制药厂回报祖国②；高科技产业的董事长傅迎雪从香港转战内地家乡投资，是本着爱国的、"奉献"的使命③；花商李洪儒最初承包 3 亩地种花成为万元户，继而创办了自己的花卉公司，他是经济改革浪潮中的成功者④；下岗纺织女工做水晶生意创业，她聘用下岗女工，为福利事业慷慨解囊⑤……我们看到，对正当的自我利益的诉求，被包裹在"自我—集体/国家"的关系中讲述。这种讲述在"策略"上可以沿用既有的"奉献"话语的方式，但它是一个全新的陈述，"自我"第一次获得了"合法化"的"身份"，在"他我关系"中的"自我"，通过对关系的结构性矛盾的缓和与化解，在客观上实现了对"自我"的"书写"。

---

① 《从"单位人"到"社会人"》，《人民日报》1993 年 12 月 14 日，第 11 版。
② 《富翁迟斌之"科技"》，《人民日报》1992 年 4 月 13 日，第 5 版。
③ 《奉献是她庄严的使命》，《人民日报》1995 年 4 月 4 日，第 5 版。
④ 《李洪儒：网上种花》，《人民日报》1997 年 5 月 7 日，第 11 版。
⑤ 《水晶人生》，《人民日报》1997 年 10 月 8 日，第 11 版。

再来看"榜样"主题的第一类"奉献"陈述。如前文所述,从外部的运动来看,它与"个人主义"话语相勾联;从陈述对象的内在构成关系来看,"自我"与"他者"的关系在 90 年代末开始发生微妙但重要的变化:"自我"与"他者"的利益可以是"不冲突的","自我"为了"他者"的利益而付出/奉献的同时,也获得了对自身的"肯定",另外,当"集体中的我"与"小家庭中的我"遭遇,也可以不发生直接冲突。我们看到,"奉献",在这样的新生陈述中,超越了既有的"利益冲突"结构。也即是说,"自我"为他者利益而"奉献"的行为,并不必然只能有根植于"自我—他者"结构二元性的、对自我利益进行"牺牲/否定"的单一形式:上海强生出租车公司"红旗车队"队长李民热爱自己的工作,保持车辆清洁,周到、热情地帮助乘客和社区居民,他认为"人生的价值在于做自己能做和该做的事"①;公务员陈列雄带领群众致富,让农民入股投资索道修建,提高群众生活水平②;北京公交车售票员李素丽热爱自己平凡的工作,早起擦车、亲切周到地报站和服务、搀扶老年人上下车,她热爱工作的同时,也能处理好工作和家庭间的关系,劳模和妻子的角色并不冲突③……

新生的陈述群尚处在话语运动场的外围,中心地带仍活跃着传统的"奉献"陈述群。但如前文所述,它并非既有陈述的"沿用",而是运动的生成张力的一方。"自我意识"裹挟着初生的力量破土而出,它呼唤着对"他我关系"中的那个"我"的"优先承认",或者说,它已不满意被关系中的"他者"的"结构优先性"地位所"覆盖";但显然,对"自我"的"优先承认",是官方话语实践所不允许的,官方话语实践对"蠢蠢欲动"的"自我"的收编由此策略性展开。在这个阶段的话语空间中,道德行为的实践主体,其"主体"身份是不清晰的:"他我关系"中的"我"既不安于 80 年代的结构性的从属地位,又尚未获得新的位置。因此,对道德行为的界定,也留下了讨

---

① 《"的士明星"李民》,《人民日报》1997 年 10 月 15 日,第 11 版。

② 《一身豪气办大事:记人民满意的公务员陈列雄》,《人民日报》1997 年 10 月 21 日,第 3 版。

③ 《追踪李素丽　新型社会主义英模》,《人民日报》1997 年 1 月 7 日,第 14 版。

论的空间，而不再是"无争议"的价值判定。

怀着好几个月的身孕跳河救人的女工陈燕飞，她的壮举发生在 1982 年，在 90 年代初的主流报纸上也作过该事件的回顾报道。① 到了 90 年代末，《人民日报》的一组讨论生出了新的陈述：面对救人伤到了胎儿怎么办的质疑，陈女士解释她的行为只是出于"本能"；面对"英雄"的赞美，她强调这只是一件"很小的事"罢了，不对自我行为作任何英雄化的判定。② 另外，这组讨论还涉及了其他相关事件，"大学生张华救掏粪老农是不是值得的讨论本身是不是可耻"的问题被提了出来——该不该牺牲自我救他人？这是对道德行为的定界的讨论。重要的是，这样的讨论本身是全新的陈述，它绝不可能出现在 80 年代的话语场域中。英雄的救人行为，曾经"无争议的"道德行为，在 90 年代末摆脱了长时间的"静止"，开始在力与力的较量中"动"起来。自我与他者的结构性关系开始动摇，为了他者利益"自我牺牲"的行为，在孕妇救人的事件中被转换为"本能的对他人的善意之举"，结构性的矛盾被"普遍性的""人性"所化解。这是全新的陈述，它尚未搅动既有话语链条的运动秩序，但它的出现，内置了深深的道德焦虑——道德行为的定界本身所依赖的实践主体在 90 年代获得的"模糊的""主体性"，使得对"道德"行为的断定失去了既有的"无争议的""标准"。

伴随"自我"试图"破茧而出"的愿望，在"物质满足"引擎的推动下，"欲望的自我"（desiring self）③将作为"自我意识"的一个重要面相在社会空间中显出它的轮廓，它意味着对所谓"个人幸福"的追求和对理想乌托邦的淡漠；在 90 年代通往新世纪的转角处，它的气息已影影绰绰。经济话语以惊人的速度完成了从节约陈述到消费陈述的转变，从传统节约型

---

① 《女工陈燕飞关键时刻挺身而出》，《人民日报》1992 年 5 月 1 日，第 1 版。

② 《陈燕飞：做好事没有时代之分　第一批引发新时期道德观的讨论》，《人民日报》1998 年 12 月 2 日，第 15 版。

③ Lisa Rofel, *Desiring China: Experiments in Neoliberalism，Sexuality，and Public Culture*，Durham，Nc：Duke University Press，2007，转引自［美］阎云翔：《中国社会的个体化》，陆洋等译，上海译文出版社 2012 年版，第 369 页。

陈述"耻恶衣恶食论"①到"为扩大消费开绿灯"②"消费信贷走向我们"③也只经过了一个十年的跨度,而话语转变的大动作更是在90年代末的几年内迅速完成的。虽然距离"把消费视作是令人快乐的,且值得花费时间和努力来增加这种的快乐"④的"现代消费社会"还有很远的距离,但"物质欲望"的"合理化"已然拉开序幕;与此同时,文学话语也在90年代形成新的格局,性爱文学在文学话语的实践的运动场中生成了。在官方话语中,是对"色情文学"之"非道德倾向""道德失范"⑤的严肃批评和对文学价值观引导功能⑥的反复强调;但话语的运动总是力与力的较量,当我们目睹一方力量的持久和强大,也就可以推断另一方力量的不容小觑。强调个人体验的性爱文学,与物质欲望的"合理化"趋势一起,拉动起"欲望的自我"的生成。需要注意的是,"欲望的自我"本身并没有"否定"的意味,它只是"自我意识"的一个面相,在话语实践的运动过程中,它既可能通往建立在"主体性"基础之上的道德路径,也可能走向道德的反面——自私自利的个体实践。总而言之,在具体空间中的、由话语实践所生成的那个个体"身份",决定了道德实践行为的形式。

第四节　21世纪初⑦新的道德话语的生成：自我身份的澄明

在20世纪90年代通往21世纪初的转角处,"个体"身份的新的话语

---

① 《耻恶衣恶食论》,《人民日报》1991年4月16日,第8版。

② 《为扩大消费开绿灯(一)》,《人民日报》1998年12月25日。

③ 《消费信贷走向我们》,《人民日报》1998年12月28日。

④ [英]齐格蒙特·鲍曼:《流动的生活》,徐朝友译,江苏人民出版社2012年版,第89页。

⑤ 《当代文学的道德秩序》,《人民日报》1997年1月2日,第15版。

⑥ 《文学期待与社会理想》,《人民日报》1995年4月18日,第14版。

⑦ 本部分所使用的话语材料主要是2010年之前的,之后的材料暂时没有放进本章,但这并不影响本研究的完整性。因为本研究所针对的是道德话语构型的变迁,而2000年之后与20世纪90年代的话语形态的结构性转变在前十年间已经完成,之后更重要的问题是意识形态与个体话语结构之间的张力,在笔者后续研究中会作进一步讨论。

团块在高速聚合中，新与旧的碰撞激发出"自我"之生成的动能，它在两股力量中摇摆，一方面仍被安放在传统的构型规则中，另一方面又积极跃出"他我关系"的结构性二元。道德行为的定界和行动主体身份之间的张力带来了道德实践的焦虑，它必然呼唤下一个环节的变迁。

这种焦虑伴随着网络文学的登场在 21 世纪初愈演愈烈。在文学话语中，集体主义和"奉献"主题锐减，这一倾向又在文学的网络化和市场化中被进一步加剧。因此，文学话语的道德功能在官方话语中被一再强调，道德培育①作为重要的思想建设的政治话语，以自上而下的方式推行开来，《公民道德建设实施纲要》②正式颁布。我们知道，强势话语的另一面必然是深刻的道德焦虑，实践主体的"身份"的明确是道德行为定界的逻辑前提。因而我们可以理解 21 世纪初出现的一个重要的、新的道德主体——志愿者。"志愿者"陈述在 20 世纪 90 年代后期已零星出现，但作为一种重要的话语力量，它出现并贯穿于整个新世纪，它是对"他我关系"的全新书写，也是对"自我"身份的重新安放。

对道德行为的定界在 21 世纪初之前依托于"奉献"主题，即"他我关系"中的"我"，为了"他者"利益的自我牺牲，是道德行为判定所遵照的基本框架。当自我意识从影影绰绰到快速生长，"奉献"陈述不得不在话语运动中改变其功能，二元结构的破冰使得"自我"获得一定程度的"释放"，并通过"他者"的抽象化得以迂回地支撑，这是 90 年代道德话语经历的重要变迁。但这样的话语构型并不能实现对强劲苏醒中的自我意识的彻底的、妥善的安置，我们可以说，道德定界的焦虑是现实的，但对它的理解必须经由理论——它在理论上要求新的构型，这是"志愿者"话语生成的理

---

① 《德育工作一点放松不得》，《人民日报》2000 年 5 月 12 日，第 1 版；《守望精神的家园——谈谈文学与道德》，《人民日报》2001 年 5 月 13 日，第 4 版；《文学期刊：面对市场和读者的选择》，《人民日报》2001 年 12 月 11 日，第 12 版；《文学与道德》，《人民日报》2007 年 8 月 23 日，第 9 版；《未成年人思想道德建设大家谈》，《人民日报》2004 年 7 月 9 日，第 5 版；《道德建设大家谈（1）》，《人民日报》2004 年 11 月 15 日，第 5 版。

② 《精神文明：书写时代新华章》，《人民日报》2001 年 12 月 5 日，第 6 版。

论必然性。

"志愿者"陈述裹挟着强大的能量,带出了对道德行为的新的定界。我们看到,既有的"奉献"陈述不断减少、变形,或逐渐被"志愿者"陈述所包容。"志愿者"陈述的"他我关系"发生了根本性的转变:"他我关系"转变为"我他关系","我"为了"他者"的利益而付出,根本上是出于对"自我"的"利益"的追求——这种利益是高于物质层次的精神层次的利益,虽然精神上的追求可能会带来物质层面或多或少的损失,但精神层次利益的满足有着非常明确的目的,即它是为了对"自我"的成就。"我",作为一个更高意义上的精神的主体,第一次从"志愿者"话语中跃出。这样的具有丰富饱满内涵的"自我",首次在道德的维度上获得了自我身份的确证。

传统的"奉献"陈述第一次在反思话语中直面"志愿者"陈述:诸如"号召与榜样对道德的拯救是极有限的""要每个公民都为了社会公益而牺牲个人利益,不太现实。志愿者应有更宽广的内涵"等,志愿者行为被明确表述为"一种高层次的精神需求,享受到快乐、友善和生命的意义"[1],而不是只讲"无私奉献",志愿者在付出的过程中"得到长见识,提升自身素质"[2]的机会,成就自我的同时也成就了社会和他人。另外,志愿者不仅助人也助己,如"清薪志愿者在行动"[3]这样的陈述,带出的是对"自我"身份更为清晰的确认。作为话语运动之结果的"志愿者"陈述,它与经济话语链条相互纠缠,经济改革带来的"脱嵌"为志愿者的"自助"和"助人"提供了重要根据,"不向他人和组织伸手,转向自身和社会,以积极的方式努力寻找自救的可能"[4]。这样的道德实践范式必然呼唤、要求一个强有力的行动主体,即其不仅"有意愿"助人,更"有能力"助人助己。我们看到,"有

---

[1]　《"帮你等于帮自己　服务时间存银行""取舍之间""他们不该遥远"》,《人民日报(华东新闻)》2001年1月12日,第1版整版。

[2]　《青春谱写道德歌》,《人民日报》2012年12月6日,第11版。

[3][4]　《清薪志愿者在行动　悲喜交加春节前》,《人民日报》2001年1月19日,第15版。

力的、自我身份确证的"道德主体在 21 世纪初的话语运动中出现了。

洪战辉及相似的事例构成重要的陈述群簇：家境贫寒的小伙子洪战辉以一己之力收养弃女婴并尽心呵护，在艰难中考上大学、自食其力赚取学费和生活费，并继续供养妹妹读书。这个故事可以以不同的陈述功能参与话语运动，"成就"出不同的对象。在 20 世纪八九十年代，它很可能会进入"奉献"主题陈述，成就那个历史空间中的道德主体；21 世纪初，它则与以自我牺牲为原则的奉献无关，却和"志愿者"陈述一起成就了新生的道德主体：有力、善意、有明确的"自我意识"。洪战辉是这个新的实践主体的典型代表，他善良、有毅力、敢于和命运抗争、让人敬重；他带来的不仅是感动，更是贡献了道德的力量，是"对社会道德的精神贡献"。① 还有很多类似的陈述②，它们也带出了对道德模范的新的界定：从小城市出来闯出一番事业的姑娘，回家乡办培训技校回报社会，并对困难生进行学费减免，帮助很多人获得就业机会③；道德模范在访谈中强调自身的行为是一种生活方式，它是幸福的事业，因为帮助他人就是帮助自己，从中可以收获自身的价值④。

"我他关系"中的"我"作为强有力的行动者，去直面自身的境遇并以一个强者的姿态善待他人，成就他者的同时更是达成自我身份的确证。新生的道德陈述也以更"宽容"的方式去评判达不到道德高度的行为，它不再轻易指责对方是"非道德"的，即使在"我他关系"的利益冲突前选择了自我的利益，也并不必然就是"不道德的"、该受到谴责的行为。比如苏北有很多中学教师离职，规章陈旧、条件落后的环境阻碍了自身发展，他们选择待遇较好的学校任教。这样的行为在 20 世纪八九十年代一定会被定界为"违背奉献精神"的"非道德"的、受谴责的行为，但它在 21 世纪

---

① 《男儿当自强——洪战辉带妹妹求学记》，《人民日报》2004 年 12 月 15 日，第 1 版；《洪战辉不仅仅让我们感动》，《人民日报》2004 年 12 月 15 日，第 5 版。
② 《80 后贫困大学生带着养母上学》，《人民日报》2008 年 12 月 3 日，第 5 版。
③ 《盱眙姑娘张红梅办起培训技校》，《人民日报》2005 年 4 月 28 日，第 1 版。
④ 《全国道德模范与身份好人访谈互动（要闻）》，《人民日报》2010 年 12 月 25 日，第 5 版。

初却以"我们也有选择好生活的权利"①的"宽容"的陈述进入话语场。

　　重要的是,这不是什么"有意为之"的结果,而是陈述深层的低语呢喃:道德实践主体的形象是从陈述本身中派生出来的,并在这个意义上成为某个"无人称"、某个"他"或者"人们"。② 自我意识的跃出,是话语生成的结果,它不能理解为官方话语对"个体"的直接承认。21世纪初"自我"身份的确证,是在话语构型的层面上谈论的,它与官方意识形态无涉。集体主义的"奉献"陈述,其话语链条虽断裂、变形或减少,但从意识形态上说,它一直"被生产",从未退场。即使是"志愿者"这样的新的实践对象,也可以被旧的陈述所收编。例如,有研究者指出,当主流媒体对青年志愿者协会进行报道时,其成员仍被描述成自我牺牲的模范青年,而志愿者活动所从事的社会工作或者它作为志愿者社会关系集体的重要性则被淡化。③ 这是本研究需注意的一个重要区分,我们所使用的话语考古学方法与意识形态无涉,它感兴趣的仅是话语的自我运动和构型规则。

　　有行动力的、有道德感的"自我"的生成意味着利他主义伦理作为下一个环节的可能性被打开。贝克(Ulrich Beck)指出,在旧有的价值体系下,自我往往必须服从于集体模式,利他主义伦理作为一种新的伦理,意味着形成一种"我们"的感觉,既为自己打算又为他人而活,看似矛盾的两者有着内在的实质性关联。④ 出自个体意愿的利他的职业选择作为重要陈述加入了道德话语的链条:殡葬工"用爱心为生命送行"⑤或是"人生终

① 《苏北教师:孔雀缘何东南飞》,《人民日报(华东新闻)》2004年11月12日,第1版特别报道。
② [法]吉尔·德勒兹:《一位新型档案员——论知识考古学》,载杜小真编选:《福柯集》,上海远东出版社1998年版,第549页。
③ [挪]贺美德、[挪]鲁纳编著:《"自我"中国:现代中国社会中个体的崛起》,许烨芳译,上海译文出版社2011年版,第158页。
④ 《僵化的范畴:贝克访谈录》(乔纳森·卢瑟福于1999年2月3日对贝克的访谈),载[德]乌尔里希·贝克、[德]伊丽莎白·贝克-格恩斯海姆:《个体化》,李荣山等译,北京大学出版社2011年版,第246页。
⑤ 《用爱心为生命送行——殡葬女工李桂红》,《人民日报》2006年4月18日,第2版。

点站的天使"①，他们的职业选择无疑是道德的行为；它是告别了"奉献"话语的全新陈述，选择该职业的原因在于从中所收获的成就感与自我认同，而自我认同正是其生命价值的重要支撑。同样，护士微笑对待病人的同时，也收获了"每一天的快乐、活着的幸福感"②；我们看到，利他的职业与个体的选择之间可以和谐一致，自我身份的明确与道德行为实践之间也有着内在关联。

婚姻陈述与隐私保护陈述一起，也参与进新的道德话语的生产中。中国《婚姻法》自 1950 年正式颁布以来，经历了 1980 年和 2001 年的两次修正，新《婚姻法》调整的关键处之一是感情破裂可以成为离婚的理由③。对家庭之共同体的守护也必须建立在个体意志的基础之上，它不能对感情基础的已然败坏无动于衷。换言之，《婚姻法》调整带来的是对有情感需求的个体身份的承认；国务院 2003 年颁布的《婚姻登记条例》取消了强制婚检，婚检成为个体自愿的选择。而它曾经的强制性逻辑则建立在为了公民健康之"公"的利益之上，"公"与"私"的利益在婚检规则中直接碰撞，对个体的尊重获得其正当性，尽管它在公共话语中仍有着讨论的空间④，但"能够被讨论"本身就已宣告个体失语的时代成为历史。我们还看到，婚前财产公证、婚内 AA 制、单身主义，甚至同性恋都可以被公开讨论，它们在主流话语中首次获得正面的、积极的认同，原本"狭窄"的婚恋主题被收入"宏大"的主题叙事中：财产公证、AA 制、单身主义等新现象意味着"中国社会迈向文明"，人们拥有越来越多的"自由选择的权利和空间"、社会能够"尊重和宽容多元与差异性"。⑤ "自由"与"多元"的讲述，从来都是建立在对个体的承认和尊重的基础之上，道德行为的定界还以

① 《人生终点站的天使》，《人民日报》2006 年 12 月 5 日，第 18 版。
② 《阳光灿烂的微笑——孟玲玲护士》，《人民日报》2007 年 5 月 17 日，第 5 版。
③ 《婚姻法 60 年　见证社会文明和进步》，《人民日报》2010 年 4 月 21 日，第 17 版。
④ 《婚检　法律冲突凸显》，《人民日报》2005 年 8 月 13 日，第 13 版。
⑤ 《我的情感我做主——从婚恋观看社会文明》，《人民日报》2008 年 12 月 25 日，第 13 版。

对前一个环节的反思的方式展开,诸如"道德没有标准答案"、"无数个体都必须服从于一个完美榜样和高尚理想的年代"①过去了……手机加密所引发的对个人隐私的保护也已然上升到道德的层次②,我们看到,"个体"的话语团块在陈述群簇的运动中快速聚集,变得紧密而坚实。

从 20 世纪 80 年代的"自我牺牲的奉献",到 90 年代从"奉献"话语中分解变形而来的"我为人人,人人为我",再到 21 世纪初的"志愿者",利他的个体之间所结成的友善关系替代了被安放在集体中的"我",它成为新的道德话语。我们看到,21 世纪初充斥着"是否需要建立道德回报制度"的讨论和争议,内容并不重要,而是陈述本身——当"对他者的善意"是否需要"他者的回报"变得可以被讨论时,那个"帮助他者"的"我"作为其逻辑起点已然生成。也即是说,只有当道德行为的承载者具有明确的自我身份,"回报"才有逻辑上的可能性;反之,当"他我关系"中的"我"的合法性必须以"他者"为前提时,行为实践者的主体身份缺失,它只是一对二元关系展开的自然结果,"回报"当然也就不成立。

当下社会的道德问题看似一团乱麻、无从下手,但如前文所述,问题是现实发生的,但看清楚问题的来龙去脉必须借助理论来完成。对道德话语的"考古"让我们看到,意识自我的生成的背后根本没站着什么意识形态的主体,而是话语构型运动的结果;由此,现实的道德困境的应对就有了明确的抓手,我们可以从两个基本面上展开:(1)实践的层次:有伦理的道德的个体,如何被教养?(2)意识形态的层次:意识形态建设是否能包容利他主义伦理?减少两者之间的摩擦,为道德定界提供重要支撑。

行文至此,我们可以回答本章一开篇提出的问题:中国当代社会遭遇了道德危机吗?官方话语自 90 年代(甚至 80 年代末)就已不断提及"道德危机",但它并非严谨的学术断言,"危机"状态下的"道德"根本无力支撑起社会系统的常态运行三四十年之久。我们在研究中发现,中国社会

---

① 《选 A,还是选 B,道德可以这样衡量吗》,《人民日报(华东新闻)》2003 年 11 月 21 日,第 1 版。
② 《"手机加密"——引发道德争议》,《人民日报》2005 年 12 月 12 日,第 10 版。

道德的问题并不是"滑坡"或"危机"，而是道德话语运动带来的根本性的转型所生成的道德行为定界的焦虑。它可以表现为代际的价值观沟壑，比如老一辈所持有的、"脱嵌"之前的、社会关系中作为"成员"的"我"的道德定界，与自我身份澄明的、新的道德定界之间的巨大张力，这也是熟人社会道德与陌生人社会道德分野的重要原因，其让我们可以理解诸如"碰瓷""讹人"的"老年人"、不敢施以援手的"年轻人"这样的道德现象；也可以表现为自我身份确证所带来的两种可能，即利他的、有道德的自我与自私自利、无道德的个体之间的巨大差异，后者必然给社会的道德带来严重伤害，基于此，诸如食品安全问题和集体冷漠等现象就可以被理解了。

对道德行为的定界是顺畅还是充满张力，要看行为主体与道德话语构型之间的关系。80 年代的"自我"被安放在"奉献主义"的"他我关系"中，他者/集体利益高于"我"的利益，道德行为的施动者是"集体"中的"我"，它与"奉献主义"为框架的道德行为一致；在 80 年代中后期，"潘晓事件"和"蛇口事件"推动了话语中"自我"的苏醒，道德行为定界的内在张力隐约出现；随着经济转型和改革的推进，90 年代可谓当代中国历史中最重要的一个十年，官方道德话语仍沿用集体主义的"奉献"陈述，但话语链条在运动过程中已开始出现重要断裂和变形，"欲望合法化"试图拖拽出一个新的"（欲望）自我"，"我"已不满意被关系中的"他者"的"结构优先性"所"覆盖"，并呼唤对"他我关系"中的那个"我"的"优先承认"，而这是意识形态所不能接受的，其遂在话语实践中以对传统的"他我关系"所内置的结构性矛盾进行淡化、缓和的方式去"处理"那个蠢蠢欲动的"自我"。道德定界的焦虑伴随着整个 90 年代；"志愿者"作为一个新的社会现象，在 20 世纪 90 年代末期出现了，并以强劲的姿态进入 21 世纪初，"志愿者"陈述构筑了 21 世纪初的道德话语。在 90 年代积蓄能力"蓄势待发"的那个"自我"，终于在 21 世纪初跃出，官方道德话语是"自我"和"对他者的善意"的内在勾连。道德行为的承载者在话语实践中获得了明确的"个体—主体"的身份界定，"他我关系"转型为"我他关系"，"我"以精神层次的满足为最高目的,尽管对精神层次的追求可能会带来"我"之"利他行为"的物质层次的损失,但在成就"他者"的同时,在根本上完成的是对"自我"的成就。"我",作为一个更高意义上的精神的主体,第一次从"志愿者"话语中跳跃而出。在 21 世纪初的道德话语中,道德行为的承载者是"有能力、有意愿向他者伸出援手"的强有力的行动主体;裹挟着经济话语、文学话语和法律话语,"有伦理的"、"利他"的"个体"首次在话语实践的维度上获得自我身份的确定,但重要的是,"个体"的合理性仅限于话语实践的层面,它并未在意识形态的层面获得承认。集体主义陈述在话语的运动场中变形、消减,但从未在意识形态中退场,并一直被持续生产。由此,模糊宏大的道德问题可以被坐落为道德行为的主体如何"安放"进具体的话语构型中。这意味着道德的"抽象性"可以被直接应对。

社会道德的历史变迁作为政治哲学研究的绝佳样本,不是偶然和特殊的,而可以为每个社会的道德"向善"的治理提供启发:(1)在话语实践的层次,当自我意识被确证,如何保证"主观自由原则"不吞没市民社会的"伦理生活"? 利他的、有道德的个体该如何被"教养"? (2)在意识形态的层次,话语运动所生成的自我样态,与官方意识形态的肯定,是两个完全不同的层面。但它们的交叠部分愈多,道德定界的焦虑就愈少。更进一步,"意识形态"(ideology)不但要能够"包容"话语运动的结果,还要有能力进行"乐于被接受的""向善的"引领和规范,这是现代政治实践的重要考量。

第五节　兼论环保观念的变迁

垃圾分类、环保材料产品以服装染料、玩具材质、洗衣液日用品、节电产品等各种形式进入我们的日常生活,人与自然的关系在环保的知识话语结构中被确定,并延伸到消费、娱乐、出行等各领域。例如,垃圾分类这几年来在越来越多的城市中被推广,人们从最初的排斥、不理解,到逐渐养成为一种"习惯"；抵制快消、点外卖不要一次性餐具会得到支付宝积分等奖励、办公电子化减少纸张浪费、碳排放限量、新能源汽车免费上沪牌……我们今天觉得"习以为常""理所当然""正确的"知识观念是怎样形成的？在日常生活中，关于环保的讨论随处可见，环保人士也越来越多，然而换个角度想，如果只看具体的行为方式，那么某些类似的行为，比如减少对日用品的消耗、"少"消费等行为，也可能在老一辈人身上找到，对于他们而言，这些都无关乎"环保"，而是"节约的美德"，但"无关的"两者之间却确凿地发生了不少交集，我们如何理解这种交错？无论是"保护环境"，还是"减少资源浪费"，它们都是人对自然的理解、观念和知识，当确凿的"知识"生成，"观念""价值"这些看上去抽象的东西也就开始"落地生根"，并逐渐影响到生活的方方面面，社会的变迁成为可能。

同样，我们在本节处理环保观念，也不会用某种先在的、意识形态层面的"批判"立场去进行判断，而是和对社会道德的处理方式一样，用话语运动的视角去作内在探查，来看环境话语的媒介陈述。在媒介陈述的空间中，媒介议题所指涉的"对象"是一个充满裂痕、间隙、交错的领域，环保话语的对象是"环境"，是有关"人与环境关系、恰当方式"的话语，环境的外延即何谓"环境"、为什么要保护环境、如何保护环境……经历了一系列断裂性的转变。

我们同样在主流媒体话语中寻找运动踪迹。在《人民日报》《解放日报》和《文汇报》等主流媒体中，关涉到"人与环境关系"的新闻报道最早出现在 70 年代。1970 年的报道很少，1973 年后有所增加。报道内容围绕提高自然原材料使用率展开，诸如报道提高木材利用率的新闻《三岔子林业局建成浆柏厂》（《人民日报》1970 年 12 月 13 日第 2 版）、报道关于森林保护有利于农业生产的新闻《森林与农业生产》（《人民日报》1973 年 12 月 14 日第 3 版）、报道利用工业三废做化肥的新闻《利用工业三废生产化肥》（《人民日报》1973 年 12 月 16 日第 3 版），值得注意的是，《人民日报》1976 年 7 月 3 日第 3 版的新闻《冶炼烟气制酸干法净化新工艺试验成功》

在文中明确提到"搞好环境保护",这样的句子之前鲜有提及。

我们知道,陈述的功能在于其空间位置而非所指意义。从句子在新闻内部的位置来看,治理废气对环境保护的意义是居第二位的,而废气回收对制酸工业的发展才是第一位的。从该新闻在整个陈述群中的位置来说,它并置于其他节约生产类的新闻,对宏观的环境议题不具有特别价值。而环境话语到 1978 年似乎出现了轻微的震动,同样来看《人民日报》,1978 年 7 月 11 日第 3 版的三则新闻《环境保护要引起高度重视》《把环境保护作为学大庆的重要内容来抓》《鸭儿湖恢复青春》组成专版,整版面的环境新闻报道、把"环境保护"写入大标题是之前鲜有的,此外,尽管环境治理的目的仍然与原油节约和鲜鱼捕捞量紧密关联,但新闻明确指出生产施工同时就必须防范环境污染的隐患,并援引了相关宪法条文。我们并非从这专版新闻的内在文本意义读出了话语的震颤,而是陈述所占据空间位置显露出话语的罅隙:1978 年至 80 年代初期的很多新闻陈述都为"环境的外延、环境保护的目的和意义、环境保护的措施"增加了新的内容,如林业发展、原始森林、自然保护区、水资源、地下水、濒危珍贵动物等新的对象扩大了"环境"的外延,城市绿化、植树造林、退耕还林等新的人类活动扩展了"保护环境的措施"的概念,更重要的是,生态平衡、人的健康等措辞已逐渐进入"环境保护的目的和意义"的范畴。尽管之前的"节约"话语仍然占据主要地位,但"环境保护"的对象域与主题融入了很多新的元素,话语的裂缝开始出现了。

80 年代中后期开始,"生态渔业""持续发展""新能源""海洋资源""职业健康保障""生活方式""大气污染""清洁发电"等符号逐步密集地进入"环境保护"的对象域。这个在能指层面与 70 年代完全相同的"环境保护"议题,其"主题"与"对象域"实际上已发生了很大程度的转变。当 90 年代开始,"环境保护"被明确地浓缩为"环保"时,话语的内部又一次发出清脆的断裂声,"环保"这个符号意味着对主题和对象的规范性指称,它与 70 年代"环境保护"背后的"节约"主题渐行渐远。

"环保"，这个具有专名意味的能指的诞生加快了对象域的扩展，它与其说是一个指称名词，毋宁说是一个具有动词功能的专名：一套具体的实践范式被引入个人的日常生活，并在实践过程中不断扩散、变形、强化。媒介陈述就是这样参与了作为一种知识话语（"环保"话语）的构建，这也是媒介参与构建"真相"的策略：在知识（认知）的层面，"环保"成为"真理"；在实践的层面，"环保"成为"恰当、正确"的事。

我们当然还可以详细绘制环保话语运动的内在场景，但本章以社会道德话语作为考察重点，在这里只对环保话语作一个大体轮廓的勾勒。今天我们区分"环保的人"与"不环保的人"，区分"环保的行为"与"不环保的行为"，区分"对"与"错"，的确是在人类的行动中一点点为我们所生活的世界"添砖加瓦"，让它变得更糟糕或更美好。但是福柯理论提醒我们看到行动背后的推动的力量，是权力话语。尽管在环境保护的价值话语中，"环保"背后是"人与自然美好关系的建立"的价值，以及使其坚固下来所需的各种知识结构和生活方式，这是"无可指责"和应受到赞誉的，但我们的眼光倘若放得更远一些，当我们看到关于冰川融化、大气变暖的很多争议，不断出现"特别的"呼声，那些声音在告诫人们所谓环境保护只是科学家的"阴谋"，地球并没有科学家所说的那么糟糕，南北极冰川的融化、动物濒临灭绝、汽车工厂等人类行为破坏臭氧层，等等，都只不过是假象，是专家的谎言，是科学与意识形态的合谋而已。这些发出"前卫的""特别的""清醒的"告诫声的人似乎站在"批判的"高地，引领人们反抗权威、解构意识形态、实践"主体的自由"。

当我们听到这些气候怀疑论者的"论断"时，当"环保"话语被指认为是一个谎言和骗局的时候，我们该如何是好？如何可能不盲从？当瑞典环保少女桑伯格（Greta Thunberg）激烈责问特朗普对政治的玩弄，在一次次的演讲中勇敢驳斥气候怀疑论者时，我们该如何去判断"是非"？

福柯告诉我们，不要自以为是地认为我们是"谁"，我们可能成为"谁"，要去问我们所臣服、认同的"真相"，它从何而来。

第四章 "经验的"行动者网络理论是"反批判"的吗?

2009 年的"气候门"事件曾是震惊世界的"丑闻",也许我们早已忘却,但它的确开启了一个新的"时代",一个质疑权威、揭露意识形态操纵、不再相信真相的后真相的批判时代。

在联合国哥本哈根气候峰会前夕,2009 年 11 月,一名黑客攻击了英国东英吉利大学电子邮件服务器,窃取了英国气候学家内部在过去十几年间交流的上千封邮件,并根据这些"证据确凿"的科学家之间私下"商谈、讨论"的资料,指责关于气候变暖的科学结论并不严肃,它只是科学家们的数据操纵,是一场对公众的骗局,科学家为了谋私利且被政治利用,作出"人类活动影响气候"的虚假结论。之后英国独立调查组耗时六个月之久,终于"还科学家们清白",称并没有任何证据表明科学家修改数据。但事件并未真正结束,反而拉开一场序幕:大批气候怀疑论者、伪科学论者,以及出于自身利益的伪怀疑论者都纷纷现身登场,距离"后真相"的时代已经不远了,"从网络流行的'阴谋论',到宣告一些严谨的科学知识的'死亡',各种蒙昧主义在今天盛行。"①

"气候门"事件并未让公众加深对科学争议、协商和讨论的理解,这些争议和协商恰恰是"好的科学"得以生成的必要条件。相反,即便调查组证明了科学家清白之后,"气候门"也依然是怀疑论者的"话柄",反

---

① Ava Kofman, "Bruno Latour, the Post-truth Philosopher, Mounts a Defense of Science", *The New York Times Magazine*, Oct.25, 2018.

对"人类行为影响气候"的人以此质证科学的不确定性、裹挟了政治因素的"不纯粹性"，而这些反对科学共识的人，恰恰大多数是政治利益集团的受益人或拥趸，他们怀疑科学、攻击科学，自我标榜为清醒者和勇敢者，而这种"质疑"实际只是玩弄权术的游戏。"当气候学家以一种谨慎的语气谈论事实，承认他们的置信区间时，怀疑论者会披上科学的外衣，攻击他们的事实还不够确定；而当这些气候学家以充满激情的信念展示他们的事实时，怀疑论者又指责他们存在政治偏见"[①]。在特朗普执政期间，"这位总统通过狩猎大众的情绪以炮制事实，宣告了'后真相'政治时代的来临"[②]。

今天的读者可能觉得"气候门"事件已太过遥远，甚至完全不知道，但我们不可能对"怀疑论"的声浪充耳不闻，从对气候科学的怀疑早已蔓延到几乎所有科学领域，专家被不加分辨地、普遍地戏谑为"砖家"，科学遭受到最暴虐、粗糙的解构和攻击。曾在 2017 年 4 月，为抵制特朗普所签署的科学命令和政策，全球科学家、科学提倡人士和科学爱好者发起了"为科学进军"（March for Science）运动，以"走出实验室并走上街头"为宣传语，科学家希望唤醒公众捍卫科学的意识。

从另一方面来说，这也是一个和"英雄科学史观"彻底决裂的时代，认识论意义上的真理早已退场，"批判"迎来了它的高光时刻。人们发现、责难：意识形态是虚假的、知识是虚假的、科学是虚假的、真相是虚假的，去"守护"真相和科学的人，反而会遭遇排斥、嘲笑和唾弃……科学社会学家拉图尔对此忧心忡忡。

这是"批判"的时代，"批判"终于结出了它的"累累硕果"。让我们把镜头拉回到 20 世纪六七十年代。当时在西方福利国家体制下，大众不再关心政治，因为福利国家是为了避免社会功能的失调，国家介入调控社会和市场，解决技术和经济的问题，并通过科技政策的制定参与到生产过程

---

①② Ava Kofman，"Bruno Latour, the Post-truth Philosopher, Mounts a Defense of Science"，*The New York Times Magazine*，Oct.25, 2018.

中,因此,人们对政治漠不关心,人们需要依赖福利国家主义体面地活着,对技术专家和政治权威的质疑都是愚蠢、不合时宜的。马克思主义思想再度被经历、见证"二战"法西斯主义之野蛮的欧洲思想家们所接纳、吸收、更新和发展,批判理论在"二战"之后,在福利国家和干涉主义国家强势介入社会生活的六七十年代,负起了思想先锋、大众领路人的历史担当,批判理论对国家强权以及与强权合谋的知识话语发问,对所谓的科学真理发问,批判思想启发、激励人们反对核武器、保护环境、反对战争,鼓励人们走上街头勇敢抗议。60年代末的法国学生运动曾如火如荼,学术观点相左的福柯与萨特,也曾并肩加入学生们的抗议队伍。批判理论实践了它历史启蒙的担当。

但70年后期以来,随着抗议活动的"启蒙",以及人们受教育程度的普遍提高,人们已经不再迷信"技术专家"和与之相伴的国家权威和意识形态,另一个方面,西方国家自身也发觉很多问题,收回相关经济和社会政策。因此,在六七十年代,敢于批判"科学"、对真理发问,是进步的、先锋的、伟大的思想行动。福柯对人文科学发问,比福柯更"激进"的拉图尔等法国科学社会学家则更进一步迈向了自然科学实践①的内部。

科学、技术和知识一直是法国社会科学研究的主题。科学总是实践的,它具有改造世界的力量,而不是逻辑严密绝对无误的真理②。向科学发问,是法国学术界的"传统"。向社会科学开炮的最杰出的战士无疑是福柯,福柯向整个现代人文科学开刀,在漫长的对词与物关系的考古后,他告诉我们人文科学之奠基的"人"不过是现代发明而已,其最终会像沙滩上画的一张脸一样被时间冲刷抹去;他甚至解构了最邻近自然科学的

---

① 实践,在这里指的是:其一,法国学界的传统一向看重对科学的研究,并把科学看作具有改变世界力量的实践行为,而不只是静态的逻辑和真理。其二,无论是拉图尔还是福柯,他们考察科学对象,都是将其视作动态的、生成的、运动中的对象,科学是"实践着"的"动词",也是作为实践的结果。虽然拉图尔和福柯分别采用了历史连续性与非连续性的不同视野(这里不展开详述),但在科学对象之"实践"的向度上,他们是一致的。

② 刘永谋:《关注法国技术哲学》,《自然辩证法通讯》2020年第11期。

精神病学，指给人们看它只是非理性在经历了与理性的几个世纪征战后的失败、一副被捕获的疯癫的尸骨而已。康吉莱姆（Georges Canguilhem）说："以往每一部有关现代精神病学起源的历史都完了，都要被一种不合时宜的幻想所糟蹋了，这种幻想认为癫狂是原已赋予人类的东西。"①

在对科学史的研究进路上，康吉莱姆把马克思对意识形态的讨论扩展到科学中，他提出了"科学意识形态"这一看似矛盾的术语，该术语包含了真实性和虚假性双重内涵。它并非错误或虚假，只是科学话语的"先在状态"，在一定程度上会被科学所取代。② 福柯接续了康吉莱姆，认为科学既不是纯粹的真理，也不是意识形态"操纵"的结果，运动和构型中的、作为动词的知识被确认、修订、重新分配后，沉淀为"科学"。③ 但福柯的动作还是"不够大"，他对社会科学"大动干戈"，对自然科学始终"颇留情面"。比福柯更为激进、彻底的是行动者网络理论（Actor-Network Theory，ANT）的引领者，ANT同样承接了康吉莱姆的反先验论，但更进一步，要向"硬科学"自然科学动刀。拉图尔拒斥福柯对待社会科学和自然科学的两种态度，即对社会科学持"激进"立场，对自然科学持"传统"立场。④

拉图尔是"科学、技术与社会"（science, technology and society，STS）研究领域的先驱，SSK研究的领衔人物，ANT开启了科学学（science studies）研究的全新窗口。在对研究对象的"选择"上，从社会科学到自然科学，ANT是"激进的"，但在研究的道路和立场上，如果"激进"通常代表了一种意识形态批判的向度，那么ANT就是"非批判"的，ANT去"描述"而不是"揭露"，去"理解建构"而非"解构事实"；拉图尔认为，对科学的批判态度无疑是有用的，科学学批判和揭露了所谓真理的科学，但是，批判并非

① ［美］詹姆斯·米勒：《福柯的生死爱欲》，高毅译，上海人民出版社2003年版，第140页，注释42。
② 刘鹏、蔡仲：《法国科学哲学中的进步性问题》，《哲学研究》2017年第7期。
③ ［法］米歇尔·福柯：《知识的考掘》，王德威译，麦田出版社2009年版，第326—328页。
④ T. Hugh Crawford, "An interview with Bruno Latour", *Configurations*, Vol.1, No.2, 1993, 转引自刘鹏、蔡仲：《法国科学哲学中的进步性问题》，《哲学研究》2017年第7期。

要没完没了地持续下去，对大写科学的反抗已是上一个阶段的事情，早期的批判模式应该过去。[①]

拉图尔强调 ANT 是非批判的，并称自己为"后批判"的理论家：批判的时代任务已经完成，要往前走，继续下一个新的环节，而不是在原地长时间停留。因为种种对真实的质疑和解构，对科学家的合理警示无动于衷的人们让拉图尔忧心忡忡。拉图尔呼吁科学家们不要只待在实验室里，还要走上街头，走进日常生活，透明化科学研究的过程，让人们理解科学是如何被生成的。科学永远是"生成之中"的科学，科学的结果不仅是作为真相的外部自然，同时也生成了"社会"、生成了社会中的"政治"。因此，在拉图尔看来，科学本身就具有政治的维度，自然秩序有"内在政治品性"[②]，因为"政治不是与人的利益与权利相关的讨价还价领域，而是通过分权和它们的代表把事物聚焦在一起的交往行动"[③]；如果气候学家们走向日常生活，那么科学在生成的过程中就能卷涉进更多的要素、更多参与到气象知识生成网络之中的行动者，它就可能带来更多"接受、认同气候变暖的"人，以及他们的环保行动，包括对怀疑论者和权力操纵者的抵抗。

本章要去辨明的是，经验的、非批判的行动者网络理论就是"反批判"的吗？在 ANT 那里，批判究竟意味着什么？以此作为理论基础，在接下来的一章中，我们再去看 ANT 如何与媒介批判研究接合在一起。

第一节　问题的交代

2020 年 6 月，一场"停止以仇恨来牟利"（Stop-Hate for Profit）的抵

---

① ［法］法迪勒·马赞德兰尼：《整个世界都在变成科学元勘——法迪勒·马赞德兰尼对话布鲁诺·拉图尔》，《长沙理工大学学报（社会科学版）》2021 年第 3 期。
② ［法］布鲁诺·拉图尔：《自然的政治》，麦永雄译，河南大学出版社 2016 年版，第 57 页。
③ 汪行福：《复杂现代性与拉图尔理论批判》，《哲学研究》2019 年第 10 期。

制脸书广告投放的网络运动在美国爆发，并迅速扩展至欧洲。活动由"常识媒体"（Common Sense Media，CSM）①、"自由新闻社"（Free Press）②等六家民权组织发起，发布网络声明集结号、虚拟罢工……呼吁广告商暂停一个月的广告投放，以迫使脸书采取遏制仇恨言论的有效手段。这场网络运动由非裔美国人乔治·弗洛伊德被白人警察暴力执法死亡事件所点燃，但其酝酿已久，脸书等社交媒体平台长期充斥着大量虚假信息、暴力和仇恨内容，而其一直采取不干预政策。脸书股票一度暴跌，被迫采取言论管控措施，抵制活动也延伸到其他社交媒体平台……

很明显，这场网络运动是一场典型的批判向度的实践，"批判"明确指向对资本与权力的质询，它在实践上与媒介深深勾连，媒介"成就"了行动，行动也"构建"了媒介的"当下"。哈姆斯（John Harms）和凯尔纳（Douglas Kellner）曾把"批判性媒介研究"界定为"处理……大众传播的社会和文化影响及其在延续不公正的社会秩序中的作用"的方法③；相较于大众传播的时代，我们今天更关注的是"数字媒介下的社会和文化影响、对不公正秩序的延续"。媒介批判学者研究相关事件，显然有很多的理论工具可以使用：意识形态分析④、文化研究⑤、批评性话语研

---

① "常识媒体"是美国致力于儿童问题的媒体评级的非营利组织，它通过各媒体和技术伙伴公司完成内容的分发。

② "自由新闻社"是美国倡导媒介民主运动的团体，帮助有色人种发声，致力于保持媒体的中立性、推动强大的公共媒体和广泛的交流。

③ John Harms, Douglas Kellner, "Toward a Critical Theory of Advertising", *Current Perspectives in Social Theory*, Iss.11, 1991.

④ 如：Eugenia Siapera, Paloma Viejo-Otero, "Governing Hate: Facebook and Digital Racism", *Television & New Media*, Vol.22, No.2, 2021; Glenn Lee Starks, "Explaining Antithetical Movements to the Black Lives Matter Movement Based on Relative Deprivation Theory", *Journal of Black Studies*, Vol.53, No.4, 2022.

⑤ 如：Amy B. Becker, "Sacha Baron Cohen, Anti-Semitism, and Borat: Using Advocacy and Irony to Speak Out Against Hate", *Society*, Vol.58, No.2, 2021.

究①等,它们都明确指向对"权力"与"媒介"关系的探询。如果此时有人把以拉图尔等人为代表的"行动者网络理论"推送到媒介批判研究者的面前,并表明 ANT 也是批判研究恰当的理论工具,也许会引起相当多的批评吧! 批评者会认为,一种描述的、经验的、"反批判"的方法怎么可能拿来处理批判研究的问题? 这是对拉图尔和批判研究的双重"反判"吧?

诚然,拉图尔在他的很多著述中都明确 ANT 与"批判"的概念是对立的,他被诺伊斯(Benjamin Noys)称作"反批判"(anticritique)的典型,拉图尔反复控责致力于"揭露"的"批判社会学"(critical sociology)已是明日黄花,这种对批判的批判在其 2004 年的一篇文章《批判何已过时? 从事实之物到关切之事》("Why Has Critique Run out of Steam? From Matters of Fact to Matters of Concern")中"达到顶点"②,也激起更多批判学者对拉图尔的批评,认为他对待批判的态度是"轻蔑的"③"令人不安的"④"尖刻的"⑤。拉图尔被指责"过于匆忙地去除了'批判',而倾向于价值中立的描述性社会学"⑥,"放下拉图尔回到马克思"的批评声响起⑦。拉图尔在文章中对福柯的"戏谑"批评也进一步把 ANT 推向"反批判"的属地,福柯极其精彩的权力理论,形成与 ANT 的强烈对照:"拉图尔几乎从未提及权力问题——即使提及,他也大多使用轻蔑和负面的词语","转向福柯,才能填补拉图尔思想中'权力问题'的空白"⑧。

当然,对于拉图尔的"反批判",也有学者犀利地发掘出拉图尔并不是

---

① 如:Mika Hietanen, Johan Eddebo, "Towards a Definition of Hate Speech — With a Focus on Online Contexts", *Journal of Communication Inquiry*, Vol.47, No.4, 2022。

②③⑥ Tom Mills, "What Has Become of Critique? Reassembling Sociology after Latour", *The British Journal of Sociology*, Vol.69, No.2, 2018.

④⑧ Matthias Flatscher, Sergej Seitz, "Latour, Foucault, and Post-Truth: The Role and Function of Critique in the Era of the Truth Crisis", *Le foucaldien*, Vol.6, No.1, 2020.

⑤ Hylton White, "The Fetish and Its Antis", *The Johannesburg Salon*, No.5, 2012.

⑦ Hylton White, "Materiality, Form, and Context: Marx contra Latour", *Victorian Studies*, Vol.55, No.4, 2013.

要彻底、绝对去除掉批判。尽管 ANT 的关系本体论在形而上学的层面受到不少质疑，似乎陷入困境，而拉图尔本人也抵制"作为一种寻求统一现实多样性的实践"的"本体论"的宣称①，但形而上学层面的争议并不能抵消 ANT 的独特洞见和经验方法上的有效性，媒介"改变、转换、转移和修改那些通常被认为是由媒介运输和传送的东西"②，"扁平本体论"被描述为"有效的"和"有限的"③，它可以与福柯式的媒介批判研究挂钩④。ANT 受到人文与社会科学的青睐，甚至"反批判"的 ANT 也可以与对批判感到失望的左翼思想家结盟⑤；但是，尽管如此，对称性的 ANT 对"人"与"非人"行动素的"一视同仁"，被认为造成了实践上的重大局限性和弱点，即对现状采取保守、妥协的态度，仅满足于"保存现状"，对行动成功失败与

---

① Bruno Latour, *Reassembling the Social: An Introduction to Actor-Network-Theory*, Oxford: Oxford University Press, 2005, p.120.

② Jan-Hendrik Passoth, Matthias Wieser, "Medien als soziotechnische Arrangements: Zur Verbindung von Medien-und Technikforschung", in Hajo Greif, Matthias Werner (eds.), *Vernetzung als soziales und technisches Paradigma*, Wiesbaden, Germany: Springer, 2012, p.113, quoted from Markus Spöhrer, Beate Ochsner (eds.), *Applying the Actor-Network Theory in Media Studies*, USA: IGI Global, 2016, p.92.

③ Nick Couldry, "Actor Network Theory and Media: Do They Connect and on What Terms?", in Andreas Hepp, Friedrich Krotz, Shaun Moores, and Carsten Winter (eds.), *Connectivity, Networks and Flows: Conceptualizing Contemporary Communications*, Cresskill, NJ: Hampton Press, 2008, pp.93 – 110; Nick Couldry, "Form and Power in an Age of Continuous Spectacle", in David Hesmondhalgh, Jason Toynbee (eds.), *The Media and Social Theory: Essays of Refraction*, New York, NY: Routledge, 2008, pp. 161 – 176; Jan Teurlings, "Unblackboxing Production: What Media Studies Can Learn from Actor-Network Theory", in Marijke de Valck, Jan Teurlings (eds.), *After The Break: Television Theory Today*, Amsterdam: Amsterdam University Press, 2013, pp.101 – 117.

④ Markus Spöhrer, "A Cyborg Perspective: The Cochlear Implant and Actor Networking Perception", in Markus Spöhrer, Beate Ochsner(eds.), *Applying the Actor-Network Theory in Media Studies*, *Information Science Reference*, USA: IGI Global, 2016, p.92; Tony Bennett, "Civic Laboratories: Museums, Cultural Objecthood and the Governance of the Social", *Cultural Studies*, Vol.19, No.5, 2005; Nick Couldry, "Form and Power in an Age of Continuous Spectacle", in *The Media and Social Theory: Essays of Refraction*, New York, NY: Routledge, 2008, pp.161 – 176.

⑤ Benjamin Noys, "The Discreet Charm of Bruno Latour", in Jernej Habjan, Jessica Whyte (eds.), *(Mis)readings of Marx in Continental Philosophy*, Basingstoke: Palgrave Macmillan, 2014, pp.195 – 210.

否所带来的生态等社会结果都"无动于衷"①。

总的来说，ANT主要被认为是中性的、描述的方法，与批判进路无关；或者被贴上"反批判"或"反马克思"的标签；或者被认为虽然ANT可以在一定程度上与批判研究糅合，但是拉图尔本身是政治保守主义者，ANT对于现实是淡漠、保守的态度，并不实际关心社会实践结果，因此ANT只能在"弱化"后与批判研究接合。② 但即使承认ANT与批判研究有接合的可能，由于学者在学科归属上的偏好，更多还是理论层面的讨论，批判性的ANT经验研究总体上是欠缺的。

本章要在理论层面厘清ANT与批判研究之间的关系，经验研究的ANT就一定是"反批判"吗？ ANT与福柯理论之间有交集吗？ ANT如何可能去讲述"权力"？

在本章完成理论层次的讨论后，将在下一章进行实践层面的理论应用，尝试把ANT与媒介批判具体接合起来。正如本章一开头所提到的抵制脸书网络行动，今天的很多重大事件的生发都与数字媒体息息相关，媒介下的虚拟世界与所谓的物理存在的真实世界不可分割地混合在一起，因此我们不再是"与"媒介一起生活，而是"在"媒介中生活③，很难再有"媒介事件"与媒介之外的"现实事件"的单纯区分。另外，也不是只有像抵制脸书运动这样的"典型的"事件才值得被媒介批判研究所关注，更"平和的""日常的"媒介事件也同样可以纳入批判研究的视野，ANT能够为分析提供怎样的新配置？ 此外，ANT的批评者认为其对"非人"的物质性关注仅是物理的"纯粹的"物质，拉图尔忽视了对作为"文本"的"物质"的

① Tom Mills，"What Has Become of Critique? Reassembling Sociology after Latour"，*The British Journal of Sociology*，Vol.69，No.2，2018.
② Jan Teurling，"Unblackboxing Production：What Media Studies Can Learn from Actor-Network Theory"，in Marijke de Valck，Jan Teurlings(eds.)，*After The Break：Television Theory Today*，Amsterdam：Amsterdam University Press，2013，pp.101-117；Noel Castree，"False Antitheses? Marxism，Nature and Actor-Networks"，*Antipode*，Vol.34，No.1，2002；Mark Deuze，"Media Life"，*Media Culture & Society*，Vol.33，No.1，2011.
③ Mark Deuze，"Media Life"，*Media Culture & Society*，Vol.33，No.1，2011.

考察，ANT 也因此缺失了文化维度的关怀①。在当下媒介研究对 ANT 的应用中，较多的是对"手机屏幕""电脑""耳机"等物理物质性的讨论，下一章将以媒介事件为研究对象，也是尝试去补充 ANT 在"文本"层面的"物质"性研究。ANT 在传播领域的崛起是很缓慢的，卡隆和拉图尔把 ANT 描述为"不是将我们的注意力引向社会，而是引向一个由行动者创造的持久不对称的过程"②，这一见解到世纪之交才开始受到重视③；随着数字媒体、社交平台的普遍使用，"信息化的行动者冲出了他们的孤岛，进入了他们之间的不可预见的关联中"，如何跟踪和理解行动者显得至关重要，"ANT 为我们作好了充分的准备"④。ANT 可以为媒介、行动、事件、社会秩序的生成的研究提供新的洞见，那么媒介批判研究是否可能引入新的理论工具？下一章的内容以本章的理论辨明为基础。

ANT 是"反批判"的吗？同为反先验论者的拉图尔和福柯中，研究对象取用上更为激进的拉图尔，其 ANT 反对权力分析吗？如果"批判已成为过往"，如果我们不再"揭露"和"解构"，我们就失去了追问权力的可能吗？

ANT 是否"反批判"，是否与"批判"真正"对立"？"批判"在最根本上是什么？这些在现代批判理论最源头处的康德那里有明确的答案："批判

① Nick Couldry, "Actor-Network Theory", in Klaus B. Jensen, Robert T. Craig, etc. (eds.), *The International Encyclopedia of Communication Theory and Philosophy*, USA: John Wiley & Sons, Inc., 2016, p.5.
② Michel Callon, Bruno Latour, "Unscrewing the Big Leviathan: How Actors Macro-structure Reality and How Sociologists Help Them Do So", in Karin Knorr-Cetina, Aaron V. Cicourel (eds.), *Advances in Social Theory and Methodology*, London, UK: Routledge, 1981, pp.285 – 286.
③ Nick Couldry, *The Place of Media Power: Pilgrims and Witnesses of the Media Age*, London, UK: Routledge, 2000; Nick Couldry, "Actor-Network Theory", in Klaus B. Jensen, Robert T. Craig, etc. (eds.), *The International Encyclopedia of Communication Theory and Philosophy*, British: John Wiley & Sons, Inc., 2016.
④ Belliger Andréa, David John Krieger, "The End of Media: Reconstructing Media Studies on the Basis of Actor-Network Theory", in Markus Spöhrer, Beate Ochsner (eds.), *Applying the Actor-Network Theory in Media Studies*, USA: IGI Global, 2017, p.31.

是对认识的认识"，是对人的认识能力、范畴的拷问。[1] 科学和知识就是人类最伟大的认识论形式的典范，因此批判理论一定会对科学、知识发问。这条追问"真理"的道路所通达的是"人的自由"，是真正的"被启蒙"的人类主体。因此它必须要清理一路荆棘丛生的"权力"；正是权力，阻挡遮蔽了真相之路。然而拉图尔却看到了一幅"怪象"：这条"解放"的批判之路恰恰受到了它敌人的欢迎！政客对批判理论"鼓掌致意"！一方面，"民粹主义和民族主义的政客……似乎对批判很满意"[2]，另一方面，批判思维本身在学术研究中被边缘化[3]，拉图尔对批判理论的批评似乎让批判理论的处境更加"雪上加霜"。

　　批判理论出了什么问题？为什么对意识形态的批判反而受到意识形态操纵者自己的欢迎？荒诞的是，正是意识形态操纵者自己向公众揭示、批评"知识是被意识形态的权力建构的，声称每一个事实背后都有另一个选项"[4]；批判理论的本意是要追问被"自然化"（naturalisation）的知识，而它带来的是走向极端的真理的相对化（relativisation），以及对相对化本身的"再度自然化"。拉图尔如何看待批判理论在社会政治实践中的遭遇？建构论就不可避免地导向解构吗？ANT 是与批判精神相背离的吗？

　　再者，ANT 破除了根深蒂固的现代性二元思维，极富创建地给予了"非人"与"人类"同样的关注，换句话说，人类行动素在行动的网络中并不比非人行动素具有更高的位置和优势。由此，拉图尔被批评者指责是政治保守主义者，对作为社会后果的"现实"采取的是妥协、保守、冷漠的态度，ANT 在根本上并不关注社会现实；批评者还认为，ANT 对人文社会

---

①　［法］米歇尔·福柯：《什么是批判？》，载汪民安主编：《福柯读本》，北京大学出版社 2010 年版，第 135—150 页。

②④　Sebastian Schindler，"The Task of Critique in Times of Post-truth Politics"，*Review of International Studies*，Vol.46，No.3，2020.

③　Hal Foster，"Post-Critical"，*October*，Iss.139，2012.

科学的确具有吸引力，但对现实世界的保守与妥协，意味着有关研究其实只是"无情世界中的避难所"而已。[①] 拉图尔对现实的态度是如批评者所说的冷漠吗？

第二节　积极建构的理论：对现实 世界的关怀与投身

2009 年的"气候门"事件曾是震惊世界的"丑闻"。一名黑客攻击英国东英吉利大学电子邮件服务器，窃取了英国气候学家内部交流的上千封邮件，根据证据确凿的"商谈"资料，指责气候变暖的科学结论只是一场对公众的骗局，它其实是科学家为谋私利并被政治利用所作出的虚假结论而已。之后独立调查组费时六个月"还科学家们清白"。但事件并未真正结束，其催生出大批气候怀疑论者、伪科学论者以及出于利益的伪怀疑论者，信任危机开始了。

我们会忘记该事件，但不会看不到身边"涌动着"的"怀疑论者"，更不会不知道"专家"被讥讽为"砖家"，也不会对"后真相时代"没有察觉。这些都是"被遗忘的"事件的"结果"、人们所身处的当下现实。

这些对真实的解构、对科学的怀疑让拉图尔忧心忡忡。同时他也被指责是打开潘多拉魔盒的"始作俑者"。

拉图尔极负盛名，他在 1992 年获贝尔纳奖（John Desmond Bernal Prize），2013 年获得霍尔堡国际纪念奖（Holberg International Memorial Prize，该奖项被称为"人文诺贝尔奖"）。而拉图尔的影响力不只局限在社会科学学术圈内，由于 ANT 在根本上是建构的、开放的思想体系，自然科学不再只是少数科学家的事，不再位于高台之上绽放普通人不可接近的

---

① Benjamin Noys, "The Discreet Charm of Bruno Latour", in Jernej Habjan, Jessica Whyte (eds.), (Mis)readings of Marx in Continental Philosophy, Basingstoke：Palgrave Macmillan, 2014，pp.195 - 210.

圣光,科学就是科学技术实践,科学的生成需要大量的行动素参与其中,行动网络的结果是科学和政治、自然和社会。也即是说,政治并非只是那些政治家的事,与科学家无关;社会也不是"硬的"先在之物或"软的"文化表征,它是行动者网络生发出的与科学孪生的另一个结果。

与此同时,拉图尔也被指责是打开潘多拉魔盒的"始作俑者"。拉图尔是 STS 研究的先驱,他早在人们信奉神圣科学的时代,就向视自然为纯粹外部客体的传统认识论开炮:科学从来不是纯粹真理,科学永远处在"行动之中"(science in action)。可以这样说,当科学作为一个名词时,它是行动者网络已经生成的结果,在它获得稳定、被完成之后,它就成了一个确凿权威之物,而我们只有回头追踪、去打开黑箱,作为一个动词的"行动中的科学"才真正展现出来。在 ANT 中,世界被"扁平化"(flatten)了,不再有万物之上的主体的人的等级阶梯,而是"对所有物一视同仁,而非事先假定不同类型的物对应着完全不同的本体论"[①],在拉图尔的扁平模型中,"一切行动者(无论是'自然的'还是'文化的')都有着相同的基本任务,一切人类和非人类的行动者都试图与其他行动者建立联系,从而使自身变得更强大或更有说服力。"[②]科学从来不是纯粹真理,科学永远处在"行动之中",非人和人都是完全平等的行动素,它们在运动的关系网络中构筑了科学、自然,也构筑了社会、文化和政治。

拉图尔只对"行动中"的、"实践"的、"动词"的科学感兴趣,在他看来,"名词"的科学只是运动过程的结果;根本没有什么外部的先验自然或社会,即"无论是自然还是社会都不能解释科学知识的形成。既不能像实证主义者一样,把科学知识看作在本质上是一系列既成的、被证明为真的命题的集合,也不能……一味诉诸社会因素寻求科学知识的成因,而是应该

---

① 〔美〕格拉汉姆·哈特:《新万物理论:物导向本体论》,王师译,上海文艺出版社 2022 年版,第 38 页。

② 〔美〕格拉汉姆·哈特:《新万物理论:物导向本体论》,王师译,上海文艺出版社 2022 年版,第 41 页。

把科学当作活动或实践过程的集合"①。ANT 把静止的、高高在上的科学拖下神坛，打开它的"黑箱"（blackbox），把已然稳定的、成为事实的结果再度还原为一场鲜活的运动图景：科学家们、投资人、媒体、农民、消费者、实验室的各种仪器、工具，所有的"人"和"非人"（inhuman），都相互"联盟"起来、形成一张"网络"（net），这些要素都是运动着的"行动素"，它们彼此联合、协商、让步、调整，在冲突、妥协和认同中完成力的流动，用行动延展开一张大网，被视作揭示了自然内在本质的真理的"科学"因此才得以完成。STS 研究的勇敢先驱，比福柯更激进地向自然科学开炮的拉图尔，由此受到学术指责，被认为对这场怀疑论"负有责任"。

对这种"过失"，拉图尔早在 2004 年就敏锐地察觉到："'关键武器'，或对夸张的模仿，正被'走私'到另一个极端，因为那些企业资助的气候怀疑论者利用关于知识构建性质的论据，播下了对气候变化问题是否存在科学共识的怀疑的种子。"②科学的问题从来不只关乎科学，政治与科学、文化与自然是 ANT 所生成的"双重结果"，因此，对科学的过分质疑、对真相的全面解构所引发的后果绝不会止步于科学领域，而必将带出新的社会文化、新的政治。拉图尔指出，自然秩序具有内在政治品性③，科学本身就具有政治的维度，"政治不是与人的利益与权利相关的讨价还价领域，而是通过分权和它们的代表把事物聚焦在一起的交往行动"。当科学的判断"全球变暖"被解构为彻底的意识形态，当事实不再被相信，就会延伸出政治社会的后果，怀疑论与权力的合谋尾随着"失败的"科学实践。

在经历了担忧和目睹后真相危机到来的当下，拉图尔从对科学的社会建构研究迈向了新的一步，他在 2018 年的新著《回到现实：新气候制度

---

① 刘世风：《试论拉图尔的科学实践观》，《自然辩证法研究》2009 年第 2 期。
② ［法］艾娃·卡夫曼：《布鲁诺·拉图尔——为科学辩护的后真相哲学家》，魏刘伟编译，《世界科学》2019 年第 2 期。
③ ［法］布鲁诺·拉图尔：《自然的政治》，麦永雄译，河南大学出版社 2016 年版，第 57 页。

下的政治》(*Down to Earth: Politics in the New Climate Regime*)就是对人们"矫枉过正"的警醒：随着替代事实的兴起，人们已经清楚地认识到，一项声明是否会被相信，与其说是取决于它的真实性，不如说取决于它的"建构"条件——也就是说，是谁在制造它，它是由谁来处理的，它是从哪些机构产生和被看到的。① 但需要注意的是，拉图尔从未把现实主义和建构主义对立起来，"建构的越多越真实"②。拉图尔从建构迈向现实，不是理论的断裂而是更深刻的延续，这也是他获得殊荣的原因吧：他看到批判已经成为过往，如果盘桓在对真理科学的发问中止步不前，世界将无法变得"更好"；从 ANT 出发，描述"科学何为"，还要看到如何通过行动者网络构建一个"更好"、更安全的、稳定的新现实。

从"实践"的科学到"怀疑一切"，在拉图尔看来，这是对"建构"极端化的荒诞后果。ANT 当然是建构论的，但是拉图尔并不喜欢"建构论"这个词，似乎一旦承认科学是被建构的，它就成了某种虚假的、不存在的东西③，以至于一提到建构论，认识论者就会认为它意味着某物是通过社会因素确立起来的，"社会"弱化了真理、科学由社会文化所构成④。拉图尔认为这种"建构论"矫枉过正了，它过分放大了"真相是如何构成的"的问题，而"建构论"真正的价值在于它的历史视角，建构意味着一件东西必须依赖于时间、空间和人才能存在，而这种历史性就决定了它会有成败，会被稳定下来成为一个事实，也会因脆弱的关系链条而烟消云散，因而重要的是如何让它存续，如何"维持它和小心地呵护

---

① [法]艾娃·卡夫曼：《布鲁诺·拉图尔——为科学辩护的后真相哲学家》，魏刘伟编译，《世界科学》2019 年第 2 期。
② Bruno Latour，"The Promises of Constructivism"，in Don Ihde，Evan Selinger（eds.），*Chasing Technoscience: Matrix for Materiality*，Bloomington：Indiana University Press，2003，p.33.
③ [法]法迪勒·马赞德兰尼：《整个世界都在变成科学元勘——法迪勒·马赞德兰尼对话布鲁诺·拉图尔》，《长沙理工大学学报（社会科学版）》2021 年第 3 期。
④ [法]布鲁诺·拉图尔，成素梅：《拉图尔的科学哲学观——在巴黎对拉图尔的专访》，《哲学动态》2006 年第 9 期。

它"。① 因此，ANT 对"揭穿"科学毫无兴趣，拉图尔也"从未认为科学需要被揭穿"，而是认为它应该"被研究、被描述"，去看科学建构所必需的对"稳定性"的维系，以及同时生产出的尊重真相和理性事实的社会文化。

拉图尔看到，"只有在得到共同文化、有信誉的机构、比较体面的公共生活以及比较可靠的媒体的支持的情况下，事实才能保持稳固"；人们如何能相信某个事实，已经不在于它本身的真实性，而是它由"谁""说出"，也就是说，"是谁在制造它，它是由谁来处理的，它是从哪些机构产生和被看到的"。② 因此，拉图尔呼吁科学家们不要止步于实验室，还要"为科学游行"（March for Science）③，让公众更多地了解到科学实践的过程。ANT是积极建构的理论，是对科学真相的"呵护"，也是对人的生活世界的真切关怀与保护。但与之同时，"建设性"的"建构"并不意味着走在对"既成的一系列命题"进行"证实"的实证主义道路上，恰恰相反，"事实建构是对实证主义的规避"④，"'观察与实验'之间的'断裂'使得科学精神必须在破除实证主义的前提下才能形成"⑤。

第三节　ANT 是"反批判"的吗？

拉图尔的建构论不诉诸"解构"，他希冀的是对有效知识的"建设"和"呵护"。那么，拉图尔就因此是反批判论者吗？批判理论的对象"知识"，必须被区分："总是有某种知识（传统的、主流的、殖民的、本质化的等）要被批判性反思，而另一类知识（反思性的、非极权的、非暴力的、去本质化

① ［法］法迪勒·马赞德兰尼：《整个世界都在变成科学元勘——法迪勒·马赞德兰尼对话布鲁诺·拉图尔》，《长沙理工大学学报（社会科学版）》2021年第3期。
②③ ［法］艾娃·卡夫曼：《布鲁诺·拉图尔——为科学辩护的后真相哲学家》，魏刘伟编译，《世界科学》2019年第2期。
④ 刘鹏、蔡仲：《法国科学哲学中的进步性问题》，《哲学研究》2017年第7期。
⑤ Gaston Bachelard, *La formation de l'esprit scientifique*, Paris: J. Vrin, 1967.

的等)应被人们追求、捍卫并为之辩护。"①积极建构的 ANT 感兴趣的正是后者，对于前者，拉图尔指出，现代批判理论的控责是必要的但已过时，相对于刚性的道德控责，我们当下更需要的是一种柔性的道德判断，即约定、联盟、结合、妥协和谈判，通过分类和选择而起作用的新的非官方的道德范畴。②

为何批判理论的控责已过时？给拉图尔招致媒介学者集中"批评"的文章《为何批判已过时？从事实之物到关切之事》集中讲述了他对批判理论的观点。这也是一篇激情充沛的檄文，拉图尔的立场一目了然：他在关怀什么？ANT 可以做什么？批判之路该怎么走？

一、两个批判的层次：理论的和现实的

拉图尔在关怀什么？目睹当下的世界充满战争，文化战、科技战、反恐战，等等，拉图尔迫切发问：我们这些学者、知识分子应该参战吗？随即质问批判理论：学者的责任就是在一片战争的废墟上添加新的废墟吗？人文学科的任务就是在毁灭中加入解构吗？拉图尔看到，当下的批判精神已失去动力，曾经的批判是去揭示意识形态伪装成"事实之物"(matters of fact)的，它是进步的，而今天恰恰相反：这样的批判太过度了，以至于人们都不再相信那些"好的""事实之物"，反而将其视为"坏的"意识形态偏见，确凿的科学事实受到过分怀疑、诋毁和无谓的解构。拉图尔甚至不忘戏谑福柯，知识与权力的关系被过于看重，《规训与惩罚》甚至都成为法国人的睡前读物了。

这篇论文其实隐含着拉图尔看待批判的两个层面，它并没有被清晰

---

① Steve Smith，"Singing Our World into Existence: International Relations Theory and September 11"，*International Studies Quarterly*，Vol.48，No.3，2004，转引自 Sebastian Schindler，"The Task of Critique in Times of Post-truth Politics"，*Review of International Studies*，Vol.46，No.3，2020.

② ［法］布鲁诺·拉图尔：《我们从未现代过：对称性人类学论集》，刘鹏等译，苏州大学出版社2010年版，第 51—53 页。

表述，但把握出这样的线索有利于我们去理解拉图尔对批判的立场和解决方案。一个是在理论的层面，他把批判归结为这样一种态度，即要去发掘隐藏着的、持续操控着的权力，它在不同的理论中具体表现为社会、话语、知识—权力、力的较量、资本主义经济等不同的面相；另一个是最让拉图尔忧虑和愤怒的现实层面，即社会批判理论被持阴谋论的人所利用了，它带来的是现实的极其危险的后果，人们在一种革命式的疯狂中解构一切事实。拉图尔对批判理论的批评从根本上而言是在实践层面的，一位极具现实关怀的学者对理论的实践后果感到愤怒和担忧；拉图尔提出，批判理论作为一种实践武器的应用已经完全过时了，而且适得其反，必须寻找到新的理论武器，这才是真正具有"批判精神气质"的学者在当下的时代应该去做的事情。我们看到，拉图尔对于"批判"的批判，其实并不是对"批判质询精神"的批判，相反，他认同、欣赏并激励这种批判的"气质"（ethos）。

这种批判的气质、新的理论的武器去哪里找？拉图尔以很"新颖的"方式回溯了启蒙，他把启蒙之驳斥信仰、权力和意识形态的方法表述为一种强大有力的"描述性的工具"，因为这在根本上是用对"事实之物"（matter of fact）的描述去破除幻象。由此，拉图尔为批判精神标明了下一个任务：拿起新的描述工具、经验的武器，去处理人们"关切之事"（matters of concern）。其也不再是启蒙环节对"事实之物"所采用的"戳穿、揭示"的立场，而是以"保护、关怀"的态度去对待"关切之事"。在拉图尔看来，新的批判精神是要把现实（reality）添加到"事实之物"上，而不是减少它。[1]

这句话并不好懂，它牵涉到 ANT 的核心，对物（thing）的理解。thing 的拉丁词源（ose、causa、res、aitia）是"原因"（cause），thing 之所以能够存在必须有其原因，这个原因正是集体的聚合，是它们给出了秩序、协商、互相

---

[1] Bruno Latour, "Why Has Critique Run out of Steam? From Matters of Fact to Matters of Concern", *Critical Inquiry*, Vol. 30, No. 2, 2004.

发生作用，才有了作为结果的 thing。拉图尔援引了塞尔的著作，"似乎仅仅取决于某一集体的争论或者陪审团签署的某一决议……法庭表明了原因与事物、语词与客体的准确身份，也表明了在置换的基础上一个走向另一个的通道。"①作为一个事件的飞机失事，是"事实之物"，而当勘察小组、技术分析、媒体、公众、总统悼词这一切"聚合"时，它就转换为人们"关切之事"；当伊拉克战争爆发时，所有人都关注它，它的背后是美国、联合国、首脑、军队等所有事物的"聚合"，才促成"关切之事"的发生。拉图尔的举例很清楚地告诉我们，只有发生"聚合"，thing 才获得它的存在。拉图尔深刻受益于海德格尔（Martin Heidegger），海德格尔区分了"gegen-stand"和"selbst-stand"，前者是"对象之物"，对应 object，后者是"自立之物"，对应 thing；thing 最经典的形象是一个"壶"，它的"本质乃是那种使纯一的四重整体入于一种逗留的有所馈赠的纯粹聚集"②。拉图尔承接并进一步发展了这种"纯粹聚集"：它是"纯粹的"，因此是"描述的"方法；它是"聚集"，现代世界更新了聚集的原因——不再是权威的、宗教的、意识形态的审判，而是科学的、现实的人与非人联结在一起的行动网络。

二、对批判理论的更新：ANT 可提供理论和方法论装配

再回到前文，我们就理解了拉图尔所说的批判精神是要把对现实的聚集思考添加到对物的理解之上，而不是把物还原为某种纯粹事实的东西，试图清除凝聚于其中的现实；后者的做法是属于上一个环节的旧批判，当下的批判研究必须自我更新，领受新的任务。上文谈到过，把拉图尔对批判的态度分为理论批判和现实批判两个层面，可以帮助我们"不误

① Michel Serres, *Statues le second livre des fondations*, Paris: Francos Bourin, 1987, 转引自［法］布鲁诺·拉图尔：《我们从未现代过：对称性人类学论集》，刘鹏等译，苏州大学出版社 2010 年版，第 294 页。
② ［德］马丁·海德格尔：《物》，载孙周兴选编：《海德格尔选集》，上海三联书店 1996 年版，第 1174 页。

读"拉图尔，拉图尔对批判的批评主要是在现实层面，对理论的批评重点在于它曾经是思想的先锋，但陈旧的理论的武器已经不再匹配现时代。而对拉图尔的"误读"大多处于混淆了这两个层次，在理论的层次，拉图尔区分 thing 和 object，由此对应出"关切之事"和"事实之物"的两种思维方式的现实后果，执着于打破幻象解构真实的旧批判思路不放，就只能牢牢盯着"事实之物"，拉图尔把后者指称为"反拜物论者"（anti-fetishism），相对于"拜物"（fetish），拉图尔专门造出了另一个完全对立的词，即"实像拜物"（factish），它是 fact 和 fetish 的组合，强调的是对"事实"（fact）的尊重，以及人与物的共同在场。"fact"这个词完全不是它后来看上去的那样，似乎只指涉既定的事实，相反，fact 原初是与 doing、making 联系在一起的，意指某种"被制造"出来的东西，17 世纪以后，才慢慢获得"非人造"的含义，甚至指代了"被给予"（given）的东西。① "factish"在拉图尔的科学实验室研究中得到了很好的说明，"一方面，事实是在实验中被制造出来的，从未逃脱其人造背景；另一方面，就本质而言，事实又不是人造的，（实验中）出现了某种非人造的东西。"② 而与 factish 相对立的 fetish，崇拜的对象与 fact 完全相反："它本身空无一物，就如一张白纸，等待着人类情感、希望、意志等的投射，在此情形下，人们反而遗忘了它的物质属性。"③ 因此，对于"反拜物"（anti-fetish）的批判学者来说，则是要以破除对"物的迷信"为己任，拉图尔不无嘲讽地说，他们相对于"愚蠢的拜物迷狂者"具有骄傲的洞察力和清醒的头脑。正是这一点激怒了马克思主义者，当然，马克思对拜物教的批判有着深远的历史厚度，不能与拉图尔的批判对象相对应，"保卫马克思"无疑具有理论上的正当性，但要紧的是，这并非拉图尔的本意，或者说，拉图尔根本没有去质疑马克思的拜物教批判，他只是急切地想唤

---

①②   Bruno Latour, *Pandora's Hope*, Cambridge, Massachusetts：Harvard University Press, 1999, p.127；Lorraine Daston, "The Coming Into Being of Scientific Objects", in Daston (ed.), *Biographies of Scientific Objects*, Chicago, London：The University of Chicago Press, 2000, p.1.

③   刘鹏：《物的经验形而上学——当代 S&TS 中的物哲学》，《江苏社会科学》2015 年第 6 期。

醒一种新的批判精神,让学者们投身于当下汹涌的时代。

拉图尔明确给出了新的"描述性的"批判武器,即使用人类学工具,以及哲学、形而上学、历史、社会学等各种工具,目的在于要去探究"行动素—参与者"是如何凝聚在一起,如何展开行动的,并去考察作为结果的现实如何存在,如何维持它的稳定性。更新的批判理论不应再诉诸"驳斥",而要着眼于"聚集"。拉图尔生动地比喻,"批判者不再是从天真无邪的信徒们脚下掀开地毯的人,而是为参与者提供聚会场所的人"。①

这条新的批判的道路,拉图尔要求它必须是"积极性的","积极"是对世界的建构,是对"关切之事"的深度经验进行探究、思考它的构成,并去"维护"、稳定其中的"有益之物"。ANT 不应只是一种理论上的使用,更要成为一种习惯,渗透到我们生活的所有角落。拉图尔几乎"不可思议"地把英国计算机科学家、计算机和人工智能之父图灵(Allan M. Turing)对计算机构想的最初论文作为新批判的源流,他引述了图灵论文中这样的表述:"等我们准备创造这些机器时,我们绝对不可以僭越上帝创造灵魂的权力,我们只能像创造孩子②一样创造机器:无论在何种情况下,我们永远都是上帝意志的工具,我们只为上帝创造的灵魂提供居所。"③拉图尔的引述意在表明,人类并非简单创造了客体(object),计算机有着"强大的超出输入(imput)"的"产出(output)",它就像拥有神赋予的灵魂一样,并不归顺于人类的操控之下。因此,object 都将在行动中转变成 thing,"事实之物"在聚集中转化为"关切之事",图灵的计算机论文在这种意义上是新批判精神重要的养料:我们无法掌控我们自己所制造的事物,这将成为新批判研究的对象。这种新批判与 ANT 并不对立,甚至完全契合:批判

---

① Bruno Latour, "Why Has Critique Run out of Steam? From Matters of Fact to Matters of Concern", *Critical Inquiry*, Vol.30, No.2, 2004.

② 诞生的只是肉体,灵魂是上帝赋予的。

③ Allan M. Turing, "Computing Machinery and Intelligence", *Mind*, Iss.59, 1950, pp.433-460, quoted from Bruno Latour, "Why Has Critique Run out of Steam? From Matters of Fact to Matters of Concern", *Critical Inquiry*, Vol.30, No.2, 2004.

如果不断地诉诸"减法"，那么这就是消亡的、陈旧的理论；而批判如果诉诸"乘法"，考察更多的人与非人组成的更多的联结，它就是更新的批判。2004 年时的互联网技术刚从 Web1.0 过渡到 Web2.0，只读网站、邮件、网页搜索引擎还是主要模式，可读写网络刚刚发展，人与非人的广泛、普遍的联结尚未到来，但在那个技术年代，拉图尔就警觉地看到，这个被人制造又远超人的控制的机器，应该被纳入"聚集"的视野中研究：它怎样参与行动、制造现实？批判研究大可以去"发掘、解释、部署调动"①，它将远远超过海德格尔在他的时代所看到的"聚集"。

我们看到，拉图尔反对传统批判研究的概念，但他并不反对批判的内在"气质"。批判理论是对现实不公正的质询、为了构建更美好世界的理性与激情，它是思想的先锋，并曾担当起启蒙的历史重任。只是当下对"更好"世界的建设不能再陷入"先破后立"的旧模式，因为"破坏"往往盖过了"构建"，甚至"构建"被遗忘，只剩下"单纯的否定"以及被利用的"为否定而否定"的事实。

第四节　ANT 如何对权力发问：作为力与力关系的权力

ANT 是否对权力问题熟视无睹？经验"描述"是否就意味着抹去"深度"？经过前文的讨论已经明朗，批评拉图尔"反批判"的学者也承认 ANT 内置的权力维度，"尽管拉图尔反对谈论权力，但拉图尔的研究进路事实上无法免于权力的问题意识。在 ANT 中，任何行动者都不会进入既有的社会结构，反而是行动者和网络相互建构。但在网络的建构中，冲突从未离开过拉图尔的视线，因为某些行动者迫使另外一些行

---

① Bruno Latour, "Why Has Critique Run out of Steam? From Matters of Fact to Matters of Concern", *Critical Inquiry*, Vol.30, No.2, 2004.

动者处于不利地位,这种能力(或者说权力)的来源需要我们予以理论化。"①但在批评者看来,把批判研究与 ANT 接合起来,是"出乎意外"的理论开采甚至是对 ANT 的"反叛"。拉图尔呼唤更新批判的武器,ANT 的方法和内在性视角都有能力担当起理论更新的迫切需求。再看批评者们对 ANT 的批评,认为 ANT 倾向于从拥有网络的人的角度去描述网络②,有胜利者特权化的倾向③,这样的批评在根本上建立在"ANT 是反批判的"的前提之下,即认为 ANT 反对批判视角,因此其内在性描述所呈现的只是"胜利者"的轨迹。但我们知道,ANT 并不反对批判的质询,它确实勾勒出了"胜利者"的轨迹,但也清楚地告诉人们,失败何以可能?缄默何以可能? 并可以为我们清晰展示每一次运动的节点如何形成。ANT 与批判媒介研究具有理论上的"契合",它们之间的理论碰撞"毫不违和"。

权力可以内置进 ANT 之中,但 ANT 反对"这样"谈论"权力":一种被现代人"纯化"(purification)处理,以至于忘记它"杂合"(hybrid)的过程,被变得僵化和整体性的权力。"现代人混淆了产品和过程",理性化科层制组织、普遍科学、技术、普遍性、理性、系统、抽象、形式主义……所有这些权力的面向,都是作为名词的现代生活的重要"结果/后果",拉图尔承认,它们值得被认真地解读,但是这些名词本身并不能说明权力的构成过程;再进一步,当批判研究把它们视作形容词,那就是很糟糕负面的东西了,再作为副词,就更为可怕。也即是说,"科学并没有以科学的方式制造出自身,同样,技术也没有以技术的方式制造自身,而经济也没有以经济

---

① Mathieu Albert, Daniel Lee Kleinaman, "Bringing Pierre Bourdieu to Science and Technology Studies", *Minerva*, Vol.49, No.3, 2011.

② Philip Mirowski, Edward Nik-Khah, "Markets Made Flesh: Performativity and a Problem in Science Studies, Augmented with Consideration of the FCC Auctions", in Donald MacKenzie, Fabian Muniesa, and Leung-Sea Siu (eds.), *Do Economists Make Markets? On the Performativity of Economics*, Princeton, NJ: Princeton University Press, 2007, pp.190-224.

③ Bruno Latour, Graham Harman, and Peter Erdélyi, *The Prince and the Wolf: Latour and Harman at the LSE*, Winchester: Zer Books, 2011, p.319.

的方式制造自身。"①

    在 ANT 的早期代表文献中，卡隆和拉图尔就通过观察狒狒社群和人类社会并进行比较，将权力、支配与等级制度作为考察的重点，提出人类社会的利维坦式的权力是何以可能的②；ANT 革命性地扩展了社会交往要素的范畴，语言符号、物质、工具、技术等所有非人要素都进入联结之中，从而使得人类社会的权力关系得以固化和稳定化，批评者们从中得到启示："探讨权力不对称问题，应该可以追溯特定类型的人—对象关系，而且追溯时应该将这些人—对象关系置于社会结构之中，或者说，放在具体的政治经济条件下。"③这些批评听上去掷地有声，但在根本上就用错了地方，因为在行动者网络理论中就没有什么先在的社会结构，一切都是在运动过程之中的，权力总是表现为具体的联结方式，它是物质配置的策略，所有对身份的界定，都是行动者通过自身的联结方式所获得的"结果"，而不是用先在的结构去"解释"和"界定"个体的行为和身份。

    ANT 与其说是一种理论，倒不如说更是一种方法，是一种"粗糙的"（crude）方法，因为它从不试图以某种深邃的洞察力去"解释"社会如何对行动者施压、行动者如何受到外部权力的强制操控，等等，而是要跟随行动者、从行动者处去学习他们"如何"以及"为什么"会做出那些行动。拉图尔甚至表明 ANT 应避免使用"研究"（study）这个词，它有着很强的"解释"（interpretation）的意味，而"解释"意味着对实体和本质的某种先验定义；相反，ANT 是要去看行动者们如何"部署"（deployment）出一个他们自己的世界，一个"行动者世界"（actor world），对这个世界的定义是由行动

---

① ［法］布鲁诺·拉图尔：《我们从未现代过：对称性人类学论集》，刘鹏等译，苏州大学出版社 2010 年版，第 131—132 页。

② Michel Callon, Bruno Latour, "Unscrewing the Big Leviathan: How Actors Macro-structure Reality and How Sociologists Help Them to Do So", 1981, in Karin Knorr-Cetina, Aaron V. Cicourel(eds.), *Advances in Social Theory and Methodology: Toward an Integration of Micro- and Macro-sociology*, London and New York: Routledge, 2017, pp.277-303.

③ Alf Hornbor, "The Political Economy of Eechnofetishism: Agency, Amazonian Ontologies, and Global Magic", *Journal of Ethnographic Theory*, Vol.5, No.1, 2015.

者们以自己的语言、尺度和规则去实施的，而绝非由学者们以某些先验概念和理论去界定它①，ANT 要做的是让研究者真正走进现场，从一个局部走向另一个局部，在这场田野调查的"旅行"中去理解"行动者世界"是如何由行动者自己构筑出来的，去绘制行动者在构建世界的行为中相互协调、共谋的过程，当然，也包括了去目睹多个过往世界的崩塌。

ANT 对"部署"的描绘很自然地让我们想到福柯，福柯的系谱学明确了"部署"的概念，"部署"是一切异质要素诸如制度、法律、论述、手段、科学等的聚合体，是由这些要素的各种关系所构成的系统，是联结的本质②，权力规训-治理的"部署"策略是在最微观的层面去控制人的肉体与灵魂③，"部署"绝非某个大写主体的有意识的引导和控制④，而是在局部的、经验的、微观的空间中各种力量的汇聚。"行动者世界"是多元行动者的力场的结果，是"部署"的空间实践，让一次次的永无止境的"流通"（circulations）成为可能。尽管拉图尔避免直接谈论权力，但 ANT 不可能不触碰权力的问题，且它对"如何流通"的追踪必在实质上为权力研究作出贡献。

ANT 的权力观与福柯理论有着内在性的重要相通，当 ANT 与社会解释的整体性立场"搏斗"时，福柯就作为最重要的"盟友"被拉图尔征引："在分解构成权力的微小成分方面，没有人比他更为准确了，也没有人比他更加批判社会解释⑤"，但是遗憾的是，福柯的"天才"在英文翻译中被损耗了。"福柯一旦被转义，就立刻被塑造成一个'揭示'权力背后奥秘的人

① Bruno Latour，"On Recalling ANT"，in John Law，John Hassard（eds.），*Actor Network Theory and After*，Wiley-Blackwell，1999，pp.12 - 25.

② Michel Foucault，"The Confession of the Flesh"，in Colin Gordon（ed.），*Power/Knowledge: Selected Interviews and Other Writings 1972 -1977*，New York：Pantheon Books，1980，p.170.

③ 张一兵：《回到福柯》，《学术月刊》2015 年第 6 期。

④ ［美］卡利斯·雷塞沃斯奇思：《系谱学批判：米歇尔·福柯与思想体系》，傅修延译，《文艺理论研究》1993 年第 5 期。

⑤ 这里指总体性的解释。

了"，这是彻头彻尾的对福柯的"颠倒"①。因此，对于福柯的"全景监狱"（panopticon），在权力关系被微观、分散、局部、具体实践的层面，拉图尔当然认同，但在权力真实运作的层面，拉图尔很清楚福柯只是"讽刺性"（ironical）地使用这个概念②，它是一个彻底的"乌托邦"，根本就是"一个不存在的世界"，仅以满足（像"发明者"边沁这样的）"偏执狂和自大狂的双重病症"而已。③拉图尔特意选用希腊语"oligoptica"（寡视）以对立于乌托邦式的"panopticon"（全景），指代这样一种权力实践，它"既是必不可少的要素，又是微小的数量"；乌托邦的"全景监狱"过于缥缈，ANT 要做的是切实探查要素与要素如何局部地、现实地、"地景"地发生联结，比如抽象的巴黎社会权力被坐落、把握为"实地调查、问卷、统计局、学术争论、期刊论文、酒吧谈话和拨款申请书……"④。有趣的是，拉图尔大多是在注释中引用福柯的，在正文里，他似乎刻意"避让"福柯，福柯毕竟是批判理论鲜明夺目的旗帜，拉图尔似乎不想让 ANT 被"误解"与批判理论之间有什么瓜葛，毕竟后者所聚焦的"权力"实在太难摆脱掉外部结构性的阴影了，即使是福柯的权力理论，也难逃误解——似乎它们揭示了关系背后运作的有某种本质，给这种本质的东西贴上"权力"的标签。而这显然是 ANT 在根本上反对的东西，关系集体的背后空无一物，只有行动者网络。⑤

权力在 ANT 中不是一个庞大的"外部的"系统或结构，而是具体的、复杂的"内部的"运动，当某种社会互动方式、社会交往类型被稳定化之后，它就沉淀为看似坚硬不可触动的外部权力体系。权力是"去本质化"的、网络

① Bruno Latour, *Reassembling the Social: An Introduction to Actor-Network-Theory*, Oxford: Oxford University Press, 2005, p.86, in note 106.
②③ Bruno Latour, *Reassembling the Social: An Introduction to Actor-Network-Theory*, Oxford: Oxford University Press, 2005, p.181, in note 237.
④ Bruno Latour, *Reassembling the Social: An Introduction to Actor-Network-Theory*, Oxford: Oxford University Press, 2005, pp.181-182.
⑤ Tom Mills, "What Has Become of Critique? Reassembling Sociology after Latour", *The British Journal of Sociology*, Vol.69, No.2, 2018.

运动中的"力的关系"，拉图尔排斥使用"权力"这个有整体性意味的表述，ANT 要摆脱掉这些"容易引起迷惑"的"传统术语"①，这与福柯之间具有亲和性，福柯也对"统一体"的概念持怀疑态度②，并明确反对利维坦式的实体式权力，把权力视作流动的"力与力的较量"③。ANT 和福柯理论都是"事件导向"，ANT 从动态的关系上理解实体的构成，它的核心机制是"转义"（translation）④，通过对一系列本来互不关联或有差异的兴趣、利益、目标、任务之间的协商、置换、扩展，使之最终达成协议，每一次转义都是一次事件的发生，"正是这些连续的转义者之间持续的相互作用才构成了世界"⑤，"事件"和"关系"是构成事物的根本。作为"力"的"权力"正流淌于这些事件和关系之中。卡隆的纲领性文章就暗示了福柯对行动者网络理论的重要影响，"在他关于翻译的结语中，他阐明了权力如何实现、别人的行为如何控制，并将读者引到最后一个脚注：'这一点与米歇尔·福柯提出的权力政治经济学概念息息相关'"⑥。劳（John Law）甚至这样认为，ANT"只不过是将福柯的观点扩展至应用于机器和硬科学当中的许多技艺而已"⑦。

---

① ［法］布鲁诺·拉图尔：《科学在行动：怎样在社会中跟随科学家和工程师》，刘文璇等译，东方出版社 2005 年版，第 363 页。
② ［美］格拉汉姆·哈特：《新万物理论：物导向本体论》，王师译，上海文艺出版社 2022 年版，第 197 页。
③ ［法］米歇尔·福柯：《必须保卫社会》，钱瀚译，上海人民出版社 1999 年版，第 176 页。
④ translation 在目前的中文文献里主要有三个翻译版本，台湾译本为"转变"，大陆译本分别为"转译"和"转义"，有的甚至在同一文献中（比如 2010 年苏州大学出版社出版的《我们从未现代过：对称性人类学论集》）同时出现这两种译法，在意义使用上无差别。由于"转变"很容易与日常语言混淆，笔者还是使用大陆的译法，在本章中强调 translation 是作为一次"事件"的、更新的、运动的意义实践，且避免"转译"之"译"在字面上有着"意义照搬不动的转换"的意思，故采用"转义"译法。
⑤ Bruno Latour, *Reassembling the Social: An Introduction to Actor-Network-Theory*, Oxford: Oxford University Press, 2005, p.59.
⑥ Michel Callon, "Some Elements of a Sociology of Translation: Domestication of the Scallops and the Fishermen of St Brieuc Bay", in John Law (ed.), *Power, Action and Belief*, London: Routledge, 1986, p.230, 转引自［新西兰］史蒂夫·马修曼：《米歇尔·福柯、技术和行动者网络理论》，《国际社会科学》2014 年第 4 期。
⑦ John Law, "Notes on the Theory of the Actor Network: Ordering, Strategy and Heterogeneity", *Systems Practice*, Vol.5, No.4, 1992, 转引自［新西兰］史蒂夫·马修曼：《米歇尔·福柯、技术和行动者网络理论》，《国际社会科学》2014 年第 4 期。

　　那么，我们不妨以福柯理论作为参照，找出两者间的重要交集与差异，帮助我们更好地理解 ANT 的权力观。（1）主体观的交叠。在福柯那里，作为实践/话语实践①的权力场是一个完全没有"主体"的战场，作为某个个人或某个机构指向明确的"说话"的主体在一片"众声喧哗"中被淹没了，或者说，"说话的主体"是谁，福柯完全不在意；他要考察"合力"的形成轨迹，看其中 A 做了什么、B 说了什么、C 反对了什么、D 重复了什么……ABCDE 汇流在一起，它们的共同"合力"完成了什么，这张"合力"的轨迹扫描图、它们在不同"空间"里的具体样态以及轨迹上有怎样的连续和断裂，福柯认为正是这些"道出了"权力的秘密。

　　ANT 与福柯理论的重要重叠之处在于，拉图尔认同福柯的"没有某一个主体"的权力观，即事件发生的背后根本没有某个大写的主体，没有某种明确、单一的操纵性权力，也没有某种特定的"技术支配"。但对于福柯把主体彻底化约为"无"（none）的做法，拉图尔有不同的态度，ANT 看到的主体不是"一个"，而是"无数个"。② 对于 ANT 而言，每一次力的发生，都有着明确的、可追溯也需要被追溯的"拟主体"/"拟客体"（qusi-subjects/qusi-objects）。A 做了什么，B 说了什么……ABCD 是如何实践

---

① 这里有必要说明的是拉图尔反对话语的批判进路，他是站在"非现代"的立场去批评"现代性"的根本弊病，即现代人以"纯化"来掩盖"自然与社会的杂合事实"；批判哲学意识到现代性存在的问题，但拉图尔认为，话语策略的批判哲学却在"反现代性"的路上"步入了僵局"，因为它忽视了对重要的、极端的"纯化"进行批判，而仅关注"语言"领域，"语言"确实承担了"自然与社会之间的转义者"的角色，但话语进路却把语言视作一种独立性的转义者，语言文本仅凭它们自己就可以把自然和社会、把万物都纳入其体系之中。话语的自治性使得这种理论反而丧失了真正把自然与社会重新联系起来的活力。需要注意的是，拉图尔对话语进路的批评，针对的是作为"语言、文本、修辞、符号"的"话语"，而福柯的话语理论恰恰是"反静态文本的"，话语在福柯那里等同于话语实践，等同于社会实践，话语完全超越并反对静态文本，它是一个个"事件"，换句话说，话语是"永恒的生成与运动"。福柯的话语理论诉诸对其中的"力与力"的相互作用的考察，拉图尔的 ANT 诉诸对行动素之间的关系网络的描述，在本节第一部分的分析中笔者指出了 ANT 与权力之间在理论层面的契合性，行动素的关系，也正是"力与力"的关系，两种理论在关系本体论的层次上具有接近性，拉图尔对话语的批判并不指向福柯的话语理论。

② Kevin P. Donovan，"'Development'as if We Have Never Been Modern：Fragments of a Latourian Development Studies"，*Development and Change*，Vol.45，No.5，2014.

"转义"机制的？A 是谁，B 是谁……谁被记住，谁被遗忘了，为什么？拉图尔要去"描述"、记录每一个重要的行动素。

必须强调的是，ANT 对"多主体"的承认是建立在与福柯一样不承认某个"大写主体"的前提上的，ANT 认为实践网络的走向并不是某个节点或原初行动素所能决定的。拉图尔指出，"必须想象一个链条，该链条由把初始陈述转化成黑箱所必需的数以千计的人构成，他们当中的每一个都有可能……传递一条陈述，修改它……或者把它变成一个赝像"，"创始人只不过是大量因素之中的极少数的要素，他们不可能是这样一种综合运动的原因"。① ANT 尊重、记录、描述每一个重要的节点，但它们是关系之中的力，而不是孤独的实体，ANT 的权力研究要去描述力的修正、调整或强化的过程。

（2）ANT 是一种"扁平模型"（flat mode）。在其中，"一切行动者（无论是'自然的'还是'文化的'）都有着相同的基本任务。一切人类和非人类的行动者都试图与其他行动者建立联系，从而使自身变得更强大或更有说服力"②。这些被"招募"（enlist）到运动网络中的"非人"，脱下被动"客体"的外衣，作为 thing 卷入实践。ANT 没有纯粹的"主体"和纯粹的"客体"，只有处于互相作用关系之中的"拟主体"和"拟客体"；相对于"激进"的拉图尔，福柯显得"保守"得多，其尚处于"现代性的"边缘游离，对"非人"不够关注，所涉及的也主要是机构和建筑物的层次，且限定在"软的"社会科学的领域，而 ANT 则把"非人"深化到"硬科学"的自然科学中。因此，在拉图尔这里，"科学"总是"技术科学"，"技术"不是一个抽象的整体性对象，它总是具体的工具、机器、与人黏合在一起的活跃的动能，技术不能被"人"完全操控，它永远具有"僭越"的能力，它在不同的行动网络中

---

① ［法］布鲁诺·拉图尔：《科学在行动：怎样在社会中跟随科学家和工程师》，刘文璇等译，东方出版社 2005 年版，第 363、225 页。
② ［美］格拉汉姆·哈特：《新万物理论：物导向本体论》，王师译，上海文艺出版社 2022 年版，第 41 页。

以具体的形态参与（engagement）运动实践。

第五节　理解 ANT 的权力运动：
从"颅相学"的切入

　　传播学在今天如果还抓住 5W 模式不放，研究必定是狭窄落伍的。
5W 模式是把"信息"放置在"传递观"（transmission of communication）下
的，"把传播视为一种出于控制的目的传递远处信息的过程"。① 这种传递
观，如果转换为 ANT 的表述方式就是这样的：A 发出了信息 a，B 忠实地
接受并将之传递给 C，以此类推，BCDE 等都是对该信息 a 忠诚的传递者。
在这种传递观下，媒介只是透明的"传递者"（intermediaries），信息、意义、
意识形态等"内容"被简单地从一端到另一端进行"输送"②，这些"搬运
员"角色的传递者在行动者网络中是完全消极的对象，它们无法成为行动
者，只是"无能"的"奴仆和牲畜"。

　　"奴仆"和"牲畜"是 ANT 对这种"无能"的传递者的形象比喻，它们是
与积极的"转义者"（translator）相对立的"传义者"（transport）。拉图尔指
出，传义者当然是存在的，但其"本身不具任何本体论的地位，它们仅仅是
传送、转移、传输自然和社会这两种唯一真实的存在者所蕴含的力量……
就算是这种传递工作，它们也做得非常糟糕……它们的能力不是自己
的……它们仅仅是一些牲畜或奴隶；往好处说，亦不过是一些忠心的奴
仆"③，对于 ANT 来说，有它们没它们根本无所谓，这就是它们无足轻重
的地位。与之完全对立的"转义者"则是拉图尔的"宠儿"，在他看来，只有

---

① ［美］詹姆斯·凯瑞：《作为文化的传播："媒介与社会"论文集（修订版）》，丁未译，中国人民
大学出版社 2019 年版，第 40 页。
② Jan Teurling, "Unblackboxing Production: What Media Studies Can Learn from Actor-Network
Theory", in Marijke de Valck, Jan Teurlings（eds.）, *After The Break: Television Theory
Today*, Amsterdam: Amsterdam University Press，2013，p.103.
③ ［法］布鲁诺·拉图尔：《我们从未现代过：对称性人类学论集》，刘鹏等译，苏州大学出版社
2010 年版，第 91—92 页。

有了它们，行动者网络才能构成，thing 才能生成。"转义者"是"一个具有原创性的事件，它创造了它所要转译的东西，同时也创造了实体并在实体之上实现了其转义者的角色"①，拉图尔为我们再现了科学研究中转义发生的具体路径和策略，或者说，"转义"作为 ANT 的核心"原则"，"统筹"着具体的策略。带着这种视角回到传播实践中，我们会惊讶地发现，在信息传播扩散的场中，每一个参与信息转义的要素，都是一次原创、一个新的节点，即使很渺小，也生成了一个具有"原创"意义的新生点，这种"转义"，是以自己的兴趣、需求、立场、利益而生发的对信息的强调、淡化、修改、调整转化，这些是具体的策略，正是它们"成就"了转义。但这些不是随意进行的，这种对"意义"的"转化"必须能够符合每一个要素的利益，因此，它必然要求协商、妥协，也必然会出现"霸权"。拉图尔即使在对作为"硬科学"的自然科学做实验室人类学研究时，也承认这种"霸权"，并指出它是这个词的语言学固有含义，"它意味着一种说法翻译了其他所有的说法，获得了一种霸权：不论你想要什么东西，这一个东西也是你想要的"。②

在"转义"机制中发生的正是力与力的制衡和结盟，这就是 ANT 的权力运动，一种"力与力的网络关系"的过程以及结果，即它所生成的社会与科学。相较于拉图尔对"减速带""燃油泵"所作的转义分析，拉图尔曾一笔带过的"颅相学"案例是社会科学学者发掘转义、权力与社会构建之关联的更佳入口③。

---

① ［法］布鲁诺·拉图尔：《我们从未现代过：对称性人类学论集》，刘鹏等译，苏州大学出版社 2010 年版，第 89 页。

② ［法］布鲁诺·拉图尔：《科学在行动：怎样在社会中跟随科学家和工程师》，刘文璇等译，东方出版社 2005 年版，第 203 页。

③ ANT 的批评者们也向拉图尔所举的"减速带""汽车安全带"等说明"转义"的案例开炮，比如怀特（Hylton White）就认为这些例子只是一种重复的论证，如工程师将交通规则转化为减速带，而减速带则转义了驾驶员保护车辆的动机等。它们显示出 ANT 的理论配置太过简单，行动者的链条只有简单的双方，一边是人的设计意图，一边是物对原始意图的转义；笔者在对社会科学的研究兴趣、理论亲和性本身的考量之外，也注意到拉图尔批评者的这种意见，由此特别选用了较少被提及的"颅相学"的案例。这个案例很好地反驳了批评者的观点，它揭示出 ANT 理论配置的复杂性与研究深度。但也必须承认的是，拉图尔出于对"硬科学"的兴趣，在其著作中更详尽、更常举例的是"物的行动者"、自然科学的案例，对于"颅相学"这种相对"不够硬"、文化卷涉度较高的对象，只是一笔带过。而笔者恰恰要对此进行开发。

相对于 ANT 的"内在性"方法，我们先站在"外部"一览"颅相学史"。"颅相学"（phrenology）由德国医生加尔（Franz Joseph Gall）在 18 世纪末提出，他认为个体气质差异是与大脑结构有关的，因此提出应检查大脑不同部位的功能，目的是"证明可以根据头上隆起和低陷来确定不同的性情和倾向；并清楚地呈示由此产生的对……人性的科学……最重要的后果"①。"颅相学"在 19 世纪被认为是值得尊重的科学理论，风靡欧美，并超出科学界得到政界、哲学界、文学艺术界人士的极大推崇，一度步入巅峰。但"颅相学"本身经验确定性和理论上的不足，使其在 1843 年被科学界公开指认为"伪科学"；而 19 世纪末，"颅相学"随着神经科学的发展得以正名，其有效性得到研究证实；20 世纪的"颅相学"则被用作种族主义的利器，成为殖民主义的帮凶，遂沦为人们眼中的"坏科学"。② 这是一种"外部的"描述，拉图尔反对的"外部"视角，即站在对象之外，以既有的（given）科学和社会文化事实来阐释对象。比如用"种族主义"来解释"坏科学"，用"颅相学经验论证的不足"来解释"伪科学"，用"神经科学的发展"来解释"科学有效性"等。而无论是福柯，还是拉图尔，都主张"内在的"方法，不承认有"既定的"社会事实与科学事实（前文谈到过，福柯只是不承认前者，拉图尔则更进一步），认为一切都是生成的结果而非现在的原因。

这段"颅相学"的外部史，如果在福柯那里，进入它的内部，"颅相学"会被处理为一种"真理"知识，它成为生命政治权力的策略，生成卢旺达大屠杀和种族殖民这样的"话语实践"；至于加尔医生、纳粹当局、推崇它的学者和名流、小说著作等，都只是漫长权力运动轨迹中的一个个小节点，它们在一片喧嚣中被埋没，福柯不会在意它们是谁，在意的是这种权力策略和运动轨迹本身。而在 ANT 中，拉图尔当然要进入"内部"去看"科学史"的构成，他的重点是要看作为结果的"科学"和"社会"这两个面向是如

① ［美］布赖恩·伯勒尔：《谁动了爱因斯坦的大脑》，吴冰青等译，上海科技教育出版社 2009 年版。

② 孙晓雅：《颅相学：两个世纪的魅影》，《成都师范学院学报》2015 年第 5 期。

何被同时生成的,并清晰地"描述"每一个节点,每一个节点都有着明确的主体,节点是在"转义"中完成的:19 世纪的英国爱丁堡,上升中的资产阶级对于地位优越的上流社会大为不满,并被其激怒。他们要寻求"盟友",建立一个"强大的新联盟",这个"盟友"正是作为"科学"之"颅相学",他们完成了第一次"转义","良好的个人品行＝优秀的颅骨结构",这改变了依据血统、财产、家族、世系来判断个人道德的传统标准,"这种对头盖骨特征的利用具有彻底改组苏格兰阶级结构的危险"①,资产阶级通过与"颅相学"新盟友的关系,改变了自己的社会地位,从而改变了"社会现实",原有的社会阶层结构发生变迁,资产阶级和上流社会贵族阶层的关系改变了;同样,贵族阶层为了抵御这种变迁,也需要结盟,尽管他们对脑科学没有兴趣,但必须"招募"脑科学家们为盟友,通过"转义",让科学家们研究反驳"颅相学"的新科学。于是,"一场不是关于社会阶级,而是关于神经病学的争论开始了",人们随之看到的是"脑科学科学史"的书写:讨论转移到脑科学的内部……图册印刷出来了,颅骨被打开并进行了解剖……新近被招募的脑科学家……对颅相学家建立的关联进行考验……竭力辨识比如说小脑是否从上部或下部联系着身体的其余地位。②这场运动在一系列"转义"中缓步前行,最终,小脑被发现是"颅相学"理论的薄弱之处,受到新科学研究的攻击。

ANT 让我们看到"充满活力"的运动网络,它可能"达成"行动素的愿望,也可能"破灭"原初的愿景,生发出"作为事件结果"的"双重现实",社会的现实和科学的现实。在"颅相学"的案例里,出于资产阶级与脑科学家之间达成的"协商",它完成了 19 世纪最重要的第一次"转义",资产阶级要提升其社会地位,却带来了"颅相学"被指认为伪科学的(自然)结果,这是一次"失败的"转义;在随后发生的无数大大小小的转义中,"颅相学"又重获科学性的正名……如此,科学史(自然)被推进,社会史(社会)被生

---

①② 〔法〕布鲁诺·拉图尔:《科学在行动:怎样在社会中跟随科学家和工程师》,刘文璇等译,东方出版社 2005 年版,第 215 页。

成。"权力"正流淌于行动网络之中，行动素之间通过"转义"所包含的协商、权衡而发生了力量的联合，这种力的链条延展至社会实践中，并生成了新的社会现实。每一次"转义"都是一个"事件"，对于媒介事件研究来说，尤其要抓住最关键的几次"转义"节点：是谁，"招募"了什么"新盟友"，如何劝服、协商最终达成利益或兴趣等方面的一致性，"转义"是权力的关键策略，"转义者"越多，媒介事件越有"活力"，如何不断增加"转义者"让这个行动网络可以延长、强大。

在拉图尔看来，人类创造了媒介技术的物质形态却并不能赋予其灵魂，也即是说，媒介技术永远有僭越支配的自主性，而对媒介技术的新批判研究，不再是将对象视作一个整体的技术进行批判，诸如艾吕尔、西蒙栋，甚至芬伯格①式的技术批判都不再适用于这个时代，媒介技术不是一个整体，如果我们接过拉图尔递过来的 ANT 装备，它就必须被拆解成具体的平台、信息内容、形式等，它们是"thing"，在媒介事件内部的网络中跳跃、运动着的"非人行动素"，它们裹挟着力，在一次次的"转义"中与人类行动素一起编织出一张张强大的网络，生成某个"结果"，完成"社会变迁"。无论这个"新结果"在何种程度上添加、改变、删减、调整既定的社会事实，"变迁"都已经发生，thing 将牵引出 matter of concern；拉图尔告诉我们，今天的政治何谓？它正是由我们所 concern 的东西编织而成；对世界的建构、学者的投身、新批判的气质，就在于要把有意义的、正向的、作为结果的 concern 生发出来。

行动者网络理论并不是"反批判"的，相反，它内置了批判的维度，为批判研究提供了方法论开发的潜力。总的来说，批判研究是对黑格尔"有

---

① 芬伯格是当代最重要的技术哲学理论家之一，他关注有关 STS 的研究，STS 研究的方法和文献都贯穿了他的著作。芬伯格用技术学科（technical disciplines）作为工具理性的实例取代了笼统的批判，法兰克福学派的抽象理性被转换为更具体的、关联政治现实的研究。芬伯格和拉图尔都受到海德格尔的巨大影响，芬伯格对拉图尔的科学实践研究很有兴趣，并认同他对物的分析，但不能接受其对非人类行动素、自然与社会完全对称这种形式本体论的观点。

规定的否定"（determination negation）的实践，是通过对当下"现实"中的不合理性进行揭示和否定，"实现"下一个环节的合理性。因此，我们最为熟悉的是"意识形态批判"。但我们不能就此狭隘地把批判研究与意识形态批判之间画上等号，还需要看到的是：首先，批判理论的"否定"在根本上是为了"建构"，为了"更美好的社会"的生成；再者，在批判理论看来，事实不是摆放着的客观实在，而是由整个社会的活动所生产出来的结果，因此，批判理论始终关注人的行动。另外，批判研究对权力的关注，在根本上是对"效果理论"的挑战，后者基于"可观察"的行为主义范式，把权力定义为"一种过程、可以试验的方法观察其行为"。将之应用在传播学研究中，权力就被"化约为对传播力量的效果研究"，而这样的权力观太过狭隘，受到莫里斯（Charles W. Morris）等学者的批评。传播学对权力的批判性研究大体上可分为两块，一块是马克思主义框架下的"唯实论"（realism）批判，另一块是法国后现代理论中的"唯名论"（nominalism）批判。唯实论把权力视作一个社会结构中的"实体"，它持续、整体地实施支配，面向国家、阶级等的传统"意识形态批判"就取径于此；唯名论中最卓越的理论代表是福柯，其认为，权力不是实体，而是经验的、局部的、分散的力与力之间的关系，它是一场永恒不息的内在运动，该路径关注经验的、日常生活中的权力运动策略。自20世纪90年代以来，传统的批判取向已发生转变，"批判传播研究致力分析的多来自于语言……常识……甚至例行工作方式等的'内在'限制"，"批判研究……反本质论……反整体论"，它强调局域的社会权力网络，并日渐个人化、局部化，宏大的、否定的批判理论自身被不断修正。①

对应上述几点，下一章将要展开的媒介批判研究与ANT的接合尝试有了依据：首先，ANT在研究方法上是经验的、人类学的，它可以为媒介批判研究注入"客观、有效"的能量，"批判"在"思辨"路径之外，可以调用

① 张锦华：《批判传播理论对传播理论及社会发展之贡献》，台北《新闻学研究》1991年第12期。

经验的、人类学的工具。其次，批判之"否定"在根本上是为了"建构"，这与 ANT 的旨趣完全契合，"建构一个更好的世界"是 ANT 深切的理论关切，而在媒介研究中，一起网络热点事件的生发和运动，都是对社会现实的真实"触碰"，能量在其中被积蓄和酝酿，"生成""更好的现实"不再是抽象和宏大的叙事。再者，批判理论关注人的行动，ANT 是对网络行动进程的深描，一方面，这是"微观"、局部的结构，另一方面，ANT 又不陷入宏观和微观二元的陷阱之中，它所考察的"局部"与"微观"，同时也总是"宏观"的，因为"局部"永远是在被"整合"（summing up）与"框架化"（framing）①的总体性进程之中，"小"与"大"以独特的方式融合在一起。"施能（agent）如果被视为一种潜力，它不只是归因于行动者，而且是要考察行动者之作为行动者出现背后的技术配置条件"②，在研究视角上与媒介批判研究非常贴合，因为热点事件不是一次次简单的、静态的、被记住或遗忘的外部事件，而是现有社会网络结构中所涌动的力量，力与力的关联所生发的结果，在根本上总是对社会实存的调整、修正或加强。最后，"唯名论"的权力观带来了传播批判研究的转向与自我调整，宏大的意识形态批判已让位于日常的、局部的、经验的研究，ANT 的权力观为这种转向注入新的活力，它提供了强大的可操作性分析工具——"转义"，让我们非常清晰地看到媒介事件运动过程中的每一个重要的节点是如何形成的或被破坏的。事件正是在这样的运动中带出"或好或糟"的"结果"，世界无所触动或悄然改变。这也让"反思"成为可能，从而指向通达"更好"的可能路径。ANT 提示我们看到，权力作为"力的关系"在一次次"考验"中变得更稳定或更脆弱，世界无所触动或悄然改变。新批判研究要具体地去追寻这场运动的轨迹，经验的、描述的方法为新批判的立场提供支撑。

---

① Bruno Latour, "On Recalling ANT", in John Law, John Hassard (eds.), *Actor Network Theory and After*, Oxford: Wiley-Blackwell, 1999, pp.12－25.

② Veronika Pöhnl, "Mind the Gap: On Actor-Network Theory and German Media Theory", in Markus Spöhrer, Beate Ochsner(eds.), *Applying the Actor Network Theory in Media Studies*, USA: IGI Global, 2017, p.256.

第五章　行动者网络理论与媒介批判研究的接合：对媒介事件的新考察

　　当拉图尔喊出"批判已成为过往"的断言时，当他像曾经激怒科学家群体①一样激怒了批判研究的学者们时，当顺着拉图尔的指认我们看到充斥于世界的战乱纷争、听闻到怀疑一切的吵嚷声时，我们理解了拉图尔对批判的批评：解构和否定的批判模式是陈旧的，今天的时代需要学者们投身其中，去积极解决其中的问题，"建构"一个"更好的"现实。这种"正向的"建构，不是用社会去建构科学，也不是用科学去建构社会，而是在"科学实践"被制造（making）的过程中，自然与社会就作为"结果"被生成了。ANT 正是对这种实践过程的深描、领会，也为这个过程如何生成"更好的"结果提供启示与策略，就像拉图尔给气候科学家们的建议，"事实陈述和敲响警钟是一回事"，他们对世界事实的陈述同时就是在建构世界。因此，ANT 呼唤的是一种真正的批判气质、以新的批判模式去取代陈旧的批判，利用 ANT 的理论装备，展开一条建构的、积极的、反整体性的、经验的新批判道路。

　　在 ANT 看来，人类创造了媒介技术的物质形态却并不能赋予其灵

---

① 法国的一些科学家最初并不喜欢拉图尔，因为他们感到自己像工人一样被对待，这与 ANT 对科学实验室采用人类学的方法有关；1976 年当拉图尔第一次在 STS 研究会议上放映幻灯片时，同行们吓了一跳，认为权威的自然科学家们像黑猩猩一样被观察。那个时期尚处在大写的科学真理观中，拉图尔把科学视作动词的"科学实践"，这是对当时传统权威的挑战。

魂，也即是说，媒介技术永远有僭越支配的自主性，而对媒介技术的新批判研究，不再是将对象视作一个整体性的技术批判。ANT 可以与批判性媒介研究相结合，本章将以 ANT 的方法对媒介热点事件作新的考察，诉诸权力运动的分析，权力作为"力的关系"在一次次"考验"中变得更稳定或更脆弱，世界无所触动或悄然改变。新批判研究要具体地去追寻这场运动的轨迹，经验的、描述的方法为新批判的立场提供支撑。

在本章中，我们首先需要思考的是，今天如何言说网络事件？ 网络空间可能是某个事件的"原发地"，也可能是线下生活中的某事件在网络中的"发酵地"；研究者通常关注发酵后的网络事件对原初事件的演绎，或网络事件后续能否进一步发展为线下行动等。从研究对象上说，网络事件与原初或后来发展出的线下事件被区分为两个不同的层次，"线上动员"/"离线行动"或"原初客观事件"/"网上舆论"之间发生着"实虚/虚实"的转换①。只热衷于在线参与而拒绝线下行动被批评为是一种"懒汉行动主义"②，或人们满足于互联网行动的"浅尝辄止"而不愿深入离线行动之中，反而会成为对行动力的阻碍③。

在移动互联、智能手机和 4G 技术普遍接入之前，网络空间是相对于现实的虚拟，网络事件是相对于现实实践的线上事件。线上与线下、在线与离线，虚拟与真实的二元之栅栏依然顽固着。在"虚拟民族志"曾作为一种"新方法"对传统田野调查形成挑战，并受到质疑和批评的技术时代，有一些学者已经发觉线上世界与线下现实之间有着内在联系，反对再坚持现实/虚拟的二分法④。但在区分网络事件与线下事件的问题上，传播技术的时代局限性还是确凿无疑地打造了两者间的壁垒。比如在 2008—

---

① 娄成武、刘力锐：《论网络政治动员：一种非对称态势》，《政治学研究》2010 年第 2 期。
② Evgeny Morozov, *The Net Delusion: The Dark Side of Internet Freedom*, New York: Public Affairs, 2011.
③ 卜玉梅：《从在线到离线：基于互联网的集体行动的形成及其影响因素——以反建 X 餐厨垃圾站运动为例》，《社会》2015 年第 5 期。
④ 卜玉梅：《虚拟民族志：田野、方法与伦理》，《社会学研究》2012 年第 6 期。

2009 年的某抗争事件中，当主流媒体不愿介入时，可选择的"民间媒体"通道极其有限①；前瞻的学者看到了现实与虚拟之间的互相建构性、彼此的嵌入与再生产关系②，发觉人们已不再是"与"媒介一起生活，而是"在"媒介中生活③。但站在当下的技术阶段去回望，彼时社会事件的网络符号动员确实只是对事件的一种"修辞"，远不能跃升为事件本身。可以说，在 Web2.0 早期阶段，互联网更普遍地"接入"了中国人的生活，这是一个崭新的开端，但同"融入"和"书写"人的存在方式之间，尚隔着遥远的距离。

库尔德利（Nick Couldry）提出从纯粹共同在场的集体向多模式交流的集体的转变，后者建立在多样化的媒介组合和共享的中介化交流之中。在这个深度媒介化（mediatization）的时代，"媒介化的集体"生成了。④ 在当下，媒介与身体深度嵌入、联结，媒介"永远在线"⑤了，网络事件不应再被视作与"离线行动"分属两个层次或环节的"线上行动"；相反，我们"从未离线"——网络空间不只是社会空间的一个组成部分，更是社会空间之"是其所是"的那个"中介"（mediated）本身。当一个事件在网络上发酵、聚焦、上热搜……它就已经明确"触动"了"社会现实"。事件所关涉到的社会部门、机构必须进行网络回应，以至于现实调整动作，直到公众满意，事件才告一段落。我们不能再单纯地区分"线上行动"与"线下行动"，如果这种区分的背后所依据的是"虚拟空间"与"真实社会"的二元信条，那么它已经过时了。换句话说，网络事件就是社会事件、就是社会实践本身，我们不能再把"线上"与"线下"相剥离，一个热点的网络事件的生发、淡

① 夏瑛：《从边缘到主流：集体行动框架与文化情境》，《社会》2014 年第 1 期。
② Kevin M. Leander，Kelly K. Mckim，"Tracing the Everyday 'Sitings' of Adolescents on the Internet：A Strategic Adaptation of Ethnography across Online and Offline Spaces"，*Education，Communication and Information*，Vol.3，No.2，2003.
③ Mark Deuze，"Media Life"，*Media Culture & Society*，Vol.33，No.1，2011.
④ ［英］尼克·库尔德利、［英］安德烈亚斯·赫普：《现实的中介化建构》，刘泱育译，复旦大学出版社 2023 年版，第 216 页。
⑤ ［澳］尼古拉斯·凯拉：《媒介与社会：权力、平台和参与》，中国传媒大学出版社 2023 年版，第 76 页。

化，都必然已经触及社会生活本身，必然已经"接续""重复""调整"或"改写"了我们的现实存在（beings）；再者，如果"线下事件"的生发是"沉默的"、"无书写"的、未被网络中介的、不能发酵成为"网络事件"的的话，那么它将很快消失于有明确边界的物理空间之中，在机械化的时间中被迅速遗忘，如同从未发生。当然，这并不意味着就此走向鲍德里亚式的极端符号化：双子塔与五角大楼也成为一场在虚空中自我毁灭的影像，双子塔"在自身的重量下毁灭了自己"，指认五角大楼的撞击从未发生过的《"9·11"：大谎言》（9/11: The Big Lie）也一度成为法国畅销书。[①] 的确，后现代对现实的彻底符号化处理走得太远，我们必须承认且强调现实事件的发生；但要紧的是，现实事件与网络事件并不是不同的两个向度，当下的现实强烈地被符号所"中介"。"中介性"在这里具有黑格尔古典哲学的意义，社会现实的实现（achievement）必须经由符号的运动来完成，也就是说，现实之为现实的当下样态，是经过了"自我实现"之后的结果。卡斯特（Manuel Castells）早在信息时代的黎明就预见到网络中介的力量，政治、文化都将抽离其自身，而依赖、汇聚和体现为电子传播网络所中介的超文本（hypertext），电子媒介对其"再现"的结构逻辑中所流淌着的权力，才是真正第一位的权力[②]。现实存在正是这种中介塑造之后的结果。

我们在"运动观照"下去看网络事件，它就不再是一个静态的阶段，而是使得社会现实获得自我实现的一个运动过程，这个过程是"一次内在转化的经历检验"，"中介作用是实现自我的方式"[③]，社会现实总是"中介实践过程所造成的结果"[④]。比如旅美大熊猫丫丫、乐乐事件，当熊猫疑似

---

① Bruno Latour, "Why Has Critique Run out of Steam? From Matters of Fact to Matters of Concern", *Critical Inquiry*, Vol.30, No.2, 2004.

② ［美］曼纽尔·卡斯特：《网络社会的崛起》，夏铸九等译，社会科学文献出版社 2006 年版，第 567 页；［美］曼纽尔·卡斯特：《认同的力量》，曹荣湘译，社会科学文献出版社 2006 年版，第 366—367 页。

③ ［法］雷吉斯·德布雷：《媒介学引论》，刘文铃等译，中国传媒大学出版社 2014 年版，第 122 页。

④ 林文源：《看不见的行动能力：从行动者网络到位移理论》，台北"中央研究院"社会学研究所 2014 年版，第 43 页。

被虐待、乐乐死亡的相关视频、图片引爆网络舆论并持续热搜，我们已经很难再分清"丫丫回国"究竟是网络事件所衍生出的现实事件，还是该事件所带来的现实结果。如何区分不重要，我们清楚地看到，网络事件如何"中介"了我们的现实：大熊猫的存在（不再是抽象的"国宝"，而是拥有了名字、经历、血缘谱系、差异化性格并受公众喜爱的具体的"国宝"）、公众对中国熊猫管理制度和相关机构的关注、人与动物之间的关系、当下中美乃至中西方在国家关系上的敏感度、某种民族团结的情感等。这些"现实"通过丫丫事件被"中介性"地生成了，某些规制层面的东西被检视和讨论，比如是否应该取消熊猫电击取精繁殖、跨国租借熊猫的规范、推进动物保护法等，尽管尚未达成制度上的改变，但"新"的社会现实作为"结果"已经被生成了，对现实的质疑、反思本身就是一种存在的更新。

网络事件中介了社会现实，意味着它是一个具有"萌生/开端"意义的"环节"（moment），它不只是起到中间连接的作用，不只是一个"网络动员"的刺激因，或是"网络介入"带来的"事件扩大"①的效果，而且是一种"运动观"，即强调一个"永恒的过程"，现实通过它被每一次地"创造"出来，这种"创造"不必是"启新"，也完全可以是"续旧"，或是"极其轻微的触动"。无论如何，它都是生发出"结果"的运动过程，它永恒"创造"出作为结果的现实存在。

由此我们再问，今天应该怎样研究网络事件？它包含对几点性质的思考：（1）网络事件可能会生发出"线下"事件，也可能不生发。无论生发与否，其性质不会改变，它作为研究对象都是同一个整体，而不是区分出"现实行动"与"虚拟行动"的不同层次或向度。（2）从行政治理的立场，我们可以把网络事件纳入网络舆情研判、应对的架构，用量化的方法追踪、处理、判断、警示数据化的行动。但需要明白的是，这只是一

---

① 陈颀、吴毅：《群体性事件的情感逻辑：以 DH 事件为核心案例及其延伸分析》，《社会》2014年第 1 期。

个特定的、限定性的立场而已，与之不同的批判研究给予了研究者另一幅图景：社会是如何被人的行动所"带出来"的？行动中流淌的权力关系书写出怎样的社会结果？某些行动被迅速遗忘，某些行动却演变为一个变革维度的"火种"，它们何以可能？网络事件即社会事件和现实实践，几乎没有人可以"离线"，"永远在线"的我们总是被深度卷涉的，我们更需要"置身事内的"、批判向度的眼光去检省自我的存在实践本身。

基于上述两点，对网络事件的研究可进一步明确：（1）如果我们认同网络事件与现实事件的区隔不再，那么研究者所面对的研究对象就是作为一个"整体"的"事件运动"，无论是否延伸线下，它都是"一个"事件，一个"运动整体"，一个包含了不同阶段的运动"过程"。因此，研究者是面向一个复杂运动过程对内部作考察。在当下的研究中，研究者关注"客观的"原初事件是否被网络演绎所改写，"局部、客观、本真性的某事件在网络传播过程中被建构为虚假、夸张和非真实的事件"①，或通过用夸张的情绪去裁剪重组事件的策略②，客观的事件演变为话语建构的事件③，蜕变为"多种立场、态度以及思想交锋的片断性串联细节"④；对于经由"网络定义者"选择性议题建构后的网络事件，考察网络意见领袖对原始事件的框架化传播⑤，以及对网络受众"认知赋能"的效果⑥。（2）而在运动观照下，没有什么"客观本真的"原初事件和"话语建构的"网络事件。网络事件是一个运动的整体，无论是否有原初事件或后续是否演绎为线下行动，事件都是一个不可分割的整体，其在自我运动的过程中完成对社会现实

---

① 刘平君：《客观真实、多元真实与超真实：后现代社会的新闻认知》，《传播与社会学刊》2011年第4期。
② 杨国斌：《情之觞：网络情感动员的文明进程》，《传播与社会学刊》2017年第2期；姜利标：《现实事件、网络话语和双重表达》，《青年研究》2017年第5期。
③ 姜利标：《现实事件、网络话语和双重表达》，《青年研究》2017年第5期。
④ 张楠：《双重异化下的微博》，《吉林省教育学院学报》2013年第9期。
⑤ 黄荣贵、郑雯、桂勇：《多渠道强干预、框架与抗争结果》，《社会学研究》2015年第5期。
⑥ 张兆曙：《议题化与网络事件的社会建构》，《学术研究》2021年第9期。

的中介。没有"本真"和"歪曲的虚假"，它们只是一个整体运动过程中所经历的不同的运动环节。也没有大写的"定义者"，只有小写的复数的行动者，他们意见相悖，也交叉，正是在矛盾纷杂的复力中完成了对事件的书写。破解了大写的定义者，也就没有了相对于此的被动的"网络受众"，运动的轨迹必定是复杂的、多岔路的，它们何以在巨大的分裂和多元中完成"共同叙事"？这才是运动观视野中的探问。

也有研究者敏锐地察觉到中西方的差异，起决定作用的不是西方的组织动员而是"情感动员"的内在机制，"情感的激发使无论利益是否相关的更多的人群加入到集体行动中"，"情感何以支配事件的走向"是研究者给出的问题[①]；在运动观照下，"情感"如果只是一个不可化约的模糊的归因，那么它对于揭示运动的内部轨迹并无实质性帮助。情感必须能够被分解、被操作性地把握和理解——也许我们可以不使用这个抽象的、心理层次的表述，而去考察作为表象的情感之驱动力背后的运动机制，它是在一次次运动过程中被凝结、编织出来的"某种东西"，它促成了情感表象的作用。在"线上"与"线下"有较清晰的区分的技术时代，"牵动"研究者目光的当然是能引起"现实行动"的重要网络事件，因此集体行动、抗争行动等是研究聚焦所在。但在深度媒介化的当下，群体性抗争事件之外，更为"日常化"的媒介事件也同样具有研究的价值——相较于"非常态"的抗争行动和集体、群体事件，我们的社会更多的是在每一次"日常化"运动的结果中被沉淀和改变的。我们正是在日常中探明那些"坚固之物"何以能获得"结构化"的表象，因此，更需要有对"日常化"事件进行探查的学术兴趣。

在行政治理的路径之外，"批判社会学"的思路对于当下的网络事件研究也是重要的。这是一种看待行动的新视角，行动的规范和规则是在

---

① 陈颀、吴毅：《群体性事件的情感逻辑：以 DH 事件为核心案例及其延伸分析》，《社会》2014年第 1 期。

非常复杂的诠释过程中持续协商与修改的①，它不同于结构主义范式下的社会学对价值与规范的忽视，而只是将之视作一种意识形态的表征或错误的表现。它重温了古典社会学的问题，即"去追问社会秩序以及社会秩序是如何'呈现出来'的"②，但它要去考察行动者的特殊的情境和偶然状态中的行动，而不是以"意识形态"去盖棺定论、作整体性的谴责。"批判社会学"（sociology of criticism）是对结构主义范式下的"批判的社会学"（critical sociology）的更替③。这种视角关注社会变迁，要求能够真正"看见"曾被强大结构所遮蔽的"行动者"。当下研究中使用访谈、民族志等方法，以议题框架理论、情感动员等去看事件的网络构建，也有研究者指认出在网络事件中所蕴含的民粹主义暗流。姑且搁置民粹主义的学术断定不说，这些研究都认真对待了"行动者"，以各种解释框架把行动者置于事件的具体情境中，考察具体的互动。但在解释框架上，集体情感、民粹主义等还是被作为一个整体性概念，如果不能对它们进行可操作性的有效分解，就去处理一个事件的生发过程，那么解释情境中的行动者为何会采用某种具体价值规范来决定其行动，可能难免还是会遗留下模糊不清的"团块"无法处理。因此，能否有这样一种新的理论和方法，它关注"社会规范变迁的动态模式"，考察行动者如何展开行动以触碰社会实存的生成，但又能够不依赖于模糊的、整体性的概念框架，可以用经验的、可操作的方法去探查事件内部的行动者的具体运动轨迹？

　　ANT 应和了媒介研究的需要，它关切社会变迁，并提供了全新的视野与方法论。ANT 的基本命题是：所有行动者都没有预先确定的本质，

---

① ［德］汉斯·约阿斯、［德］沃尔夫冈·克诺伯：《社会理论二十讲》，郑作彧译，上海人民出版社 2021 年版，第 478 页。

②③　Luc Boltanski, Eve Chiapello, "Die Roller der Kritik in der Dynamik des Kapitalismus und der normative Wandel", *Berliner Journal für Soziologie*, Vol.11, No.4, 2001, 转引自［德］汉斯·约阿斯、［德］沃尔夫冈·克诺伯：《社会理论二十讲》，郑作彧译，上海人民出版社 2021 年版，第 478 页。

行动者都是在网络化过程中萌生的①，ANT 抵制"作为一种寻求统一现实多样性实践"的本体论宣称②。这种本体论的独特洞见揭示出媒介是在"改变、转换、转移和修改那些通常被认为是由其运输和传送的东西"③，对媒介的经验性研究被认为是"有效的"和"有限的"④，它可以与福柯式的媒介批判研究挂钩⑤，甚至"反批判"的 ANT 也可以与对批判感到失望的左翼思想家结盟⑥。媒介学者看到，"信息化的行动者冲出了他们的孤岛，进入了他们之间的不可预见的关联中"，如何跟踪和理解行动者显得至关重要，"ANT 为我们作好了充分的准备"⑦。它可以把网络事件搁置在"发

---

①　林文源：《导读〈我们从未现代过〉》，载［法］布鲁诺·拉图尔：《我们从未现代过：对称性人类学论集》，余晓岚、林文源、许全义译，台北群学出版社 2012 年版。

②　Bruno Latour, *Reassembling the Social: An Introduction to Actor Network Theory*, Oxford: Oxford University Press, 2005, p.120.

③　Jan-Hendrik Passoth, Matthias Wieser, "Medien als soziotechnische Arrangements: Zur Verbindung von Medien-und Technikforschung", in Hajo Greif, Matthias Werner (eds.), *Vernetzung als soziales und technisches Paradigma*, Wiesbaden, Germany: Springer, 2012, p.113, quoted from Markus Spöhrer, Beate Ochsner (eds.), *Applying the Actor-Network-Theory in Media Studies*, USA: IGI Global, 2016, p.92.

④　Nick Couldry, "Actor Network Theory and Media: Do They Connect and on What Terms?", in Andreas Hepp, Frieclrich Krotz, Shaun Moores, and Carsten Winter(eds.), *Connectivity, Networks and Flows: Conceptualizing Contemporary Communication*, Cresskill, NJ: Hampton Press, 2008, pp.93 - 100; Nick Couldry, "Form and Power in an Age of Contiunuous Spectacle", in David Hesmondhalgh, Jason Toynbee (eds.), *The Media and Social Theory*, New York, NY: Routledge, 2008, pp. 161 - 176; Jan Teurling, "Unblackboxing Production: What Media Studies Can Learn from Actor-Network-Theory", in Marijke de Valck, Jan Teurlings (eds.), *After The Break: Television Theory Today*, Amsterdam: Amsterdam University Press, 2013, pp.101 - 107.

⑤　Markus Spöhrer, "A Cyborg Perspective: The Cochlear Implant and Actor Networking Perception", in Markus Spöhrer, Beate Ochsner (eds.), *Applying the Actor-Network-Theory in Media Studies*, USA: IGI Global, 2016, p.92; Tony Bennett, "Civic Laboratories: Museums, Cultural Objecthood and the Governance of the Social", *Cultural Studies*, Vol.19, No.5, 2005; Nick Couldry, "Form and Power in an Age of Contiunuous Spectacle", in David Hesmondhalgh, Jason Toynbee (eds.), *The Media and Social Theory*, New York, NY: Routledge, 2008, pp.161 - 176.

⑥　Benjamin Noys, "The Discreet Charm of Bruno Latour", in Jernej Habjan, Jessica Whyte (eds.), *(Mis)readings of Marx in Continental Philosophy*, Basingstoke: Palgrave Macmillan, 2009, pp.195 - 210.

⑦　Andrea Belliger, David J. Krieger, "The End of Media: Reconstructing Media Studies on the Basis of Actor-Network Theory", in Markus Spöhrer, Beate Ochsner(eds.), *Applying the Actor-Network Theory in Media Studies*, USA: IGI Global, 2016, p.31.

掘、解释、部署调动"①、生成的视野中。

在社会事件研究中使用 ANT，意味着 ANT 以一种运动的视野，把"事件"看成一个运动的、有着复杂行动者相关作用力的过程，这个运动历程的结果是生成了某种社会事实。这是 ANT 更新后的批判社会学的视野，权力的运动，正是行动者网络中的行动者们彼此交错、发生关联的根本机制。ANT 的批评者也承认它内置了权力问题意识，"在 ANT 中，任何行动者都不会进入既有的社会结构，反而是行动者和网络相互建构。但是，在网络的建构中，冲突从未离开过拉图尔的视线，因为某些行动者迫使另外一些行动者处于不利地位，这种能力（或者说权力）的来源需要我们予以理论化。"②

ANT 要摆脱掉"容易引起迷惑"的"传统术语"的整体性权力③。它这样言说权力：权力不是一个庞大的"外部的"系统或结构，而是具体、复杂的"内部"运动过程。当某种社会互动方式、社会交往类型被稳定化之后，它就沉淀为看似坚硬不可触动的外部权力体系。而 ANT 对权力的研究，正是要进入权力生成的内部过程，去探究流动的、发生着的、行动素之间的力的关系，并追问胜利何以可能，同时也可以去探查失败的秘密。被认为是"胜利者理论"的 ANT④的确勾勒出"胜利者"的轨迹，但它同样也可以揭示失败、缄默何以可能。在对每一个运动"节点"构成、强固或断裂发生的深描中，ANT 就处理了"权力"的问题。

ANT 最大的理论贡献是"转义"（translation），它也是方法论上处理权力问题的独特策略。卡隆早在关于扇贝的经典案例中就阐释了"转义"，

---

①③　Bruno Latour，"Why Has Critique Run out of Steam? From Matters of Fact to Matters of Concern"，*Critical Inquiry*，Vol.30，No.2，2004.

②　Mathieu Albert，Daniel Lee Kleinaman，"Bringing Pierre Bourdieu to Science and Technology Studies"，*Minerva*，Iss.49，2011.

④　Philip Mirowski，Edward Nik-Khah，"Markets Made Flesh：Performativity and a Problem in Science"，in Bruno Latour，Graham Harman，and Peter Erdélyi，*The Prince and the Wolf：Latour and Harman at the LSE*，Winchester：Zero Books，2011，p.319.

它是使得行动能力被视作一连串问题化、引发兴趣、招募、动员、试炼（trial），从而使自身成为代言人（agent）的过程所形成的网络效果①。每一次转义都是一次"事件"的发生，"正是这些连续的转义者之间持续的相互作用才构成了世界"②，"事件"和"关系"是构成事物的根本。作为"力"的"权力"正流淌于这些事件和关系之中。

ANT中的"转义者"是"一个具有原创性的事件，它创造了它所要转译的东西，同时也创造了实体并在实体之上实现了其转义者的角色"③，"转义"作为核心"原则"，"统筹"着具体的策略。在信息网络扩散的场中，每一个参与信息转义的要素，都是一次"原创"，一个新的节点，即使很渺小，也生成了一个具有"原创"意义的新生点，这种"转义"，是以自己的兴趣、需求、立场、利益而生发的对信息的强调、淡化、修改、调整转化，这些是具体的策略，正是它们"成就"了转义。但这不是随意进行的，这种对"意义"的"转化"要能够符合每一个要素的利益，因此，它必然要求协商、妥协，也必然会出现"霸权"，"它意味着一种说法翻译了其他所有的说法，获得了一种霸权"④。在"转义"机制中发生的正是力与力的制衡和结盟，"权力"在ANT中被坐落为行动者之间力量的"试炼"（trials of strength）。发言人可能转为主观的个体或客观的代表。客观指的是，无论不信者花多大力气去破坏你与你所代言的事物的联结，这个联结都能顺利抗拒破坏而维持着；主观指的是，当你以人或事物之名发声，听众却认为你只能

---

①　Michel Callon，"The Sociology of an Actor-Network：The Case of the Electric Vehicle"，in Michel Callon，John Law，Arie Rip（eds.），*Mapping the Dynamics of Science and Technology*，London：Palgrave Macmillan，1986.

②　Bruno Latour，*Reassembling the Social: An Introduction to Actor Network Theory*，Oxford：Oxford University Press，2005，p.59.

③　［法］布鲁诺·拉图尔：《我们从未现代过：对称性人类学论集》，刘鹏等译，苏州大学出版社2010年版，第89页。

④　Bruno Latour，"Why Has Critique Run out of Steam? From Matters of Fact to Matters of Concern"，*Critical Inquiry*，Vol.30，No.2，2004.

代表你自己。①

　　最重要的是，这种力量的试炼必定是一个极其复杂的过程，而在这个运动过程中，多种作用力（agencies）之间发生杂合，之后又被纯化，而在实践完成之后，被纯化的作用力则被再现为另一个仿佛从一开始就独立的纯作用力。② 在网络事件研究中所习惯使用的"框架""情绪"等某些看上去"自成一体"的独立的东西，实则是经历了一个复杂的力的运动过程之后又再度被纯化分离出来的指称，而 ANT 则带我们绕到它的背后去一探究竟，给研究者提供独特的提问角度："该如何构建一场行动，应该决定在哪里战略性地施加压力，以及进行哪些转义以使其他行动者加入他们的网络。那么，对于批评媒介理论来说，拉图尔的实用主义改良范式就是一种资产，而不是一种负担。"③ 在 ANT 这种科学的"深描"中，事件运动之生成结果的"责任人"被客观呈现，ANT 的研究者拒绝以意识形态的矛头去指明某个对象，也反对借助抽象的"文化"或"社会"去笼统归因，关切现实后果的 ANT 只专注于科学的深描，让运动的内在机理（fiber）清晰呈现，每一个行动者被清楚地照亮，他们的"成功"与"失败"在理论的现实关怀下充满意义。

　　网络抗争性行动一直是研究重点所在，此类事件的一个共性在于它总是公民（私权利）和国家（公权力）之间发生的冲突④，"在网络抗争中，公民权利受损或不公是抗争的起点，而保护公民权利则成为抗争的目标。"⑤ 事件是否转成线下行动，线上与线下行动之间的转化机制、原初真

---

① Bruno Latour, *Science in Action: How to Follow Scientists and Engineers through Society*, Cambridge, MA: Harvard University Press, 1987, p.78.

② 林文源：《看不见的行动能力：从行动者网络到位移理论》，台北"中央研究院"社会学研究所 2014 年版，第 193 页。

③ Jan Teurling, "What Critical Media Studies Should Not Take from Actor-Network-Theory", in Markus Spöhrer, Beate Ochsner(eds.), *Applying the Actor-Network-Theory in Media Studies*, USA: IGI Global, 2017, p.75.

④ 倪明胜：《公民网络抗争动员：从概念建构到关联性议题反思》，《天津社会科学》2017 年第 4 期。

⑤ 王凤仙、刘艺：《国内网络抗争研究的学术图景》，《中州学刊》2020 年第 2 期。

实事件与网络发酵后的事件之间的关系等是研究的重点。但在网络强中介现实的当下技术时代，更重要的是那些"日常的"、细枝末节的、非激进的、非强对抗的事件涌动。此类日常化事件的冲突或是在私主体之间的，或是公民对某些问题的不满与争议，即使涉及与公权机构间的矛盾，也并非"强冲突"的，而是日常的、一般性的矛盾。我们的现实存在更多的是在日常化的事件中被建构、维系和改变的。

　　研究者发现抗争性的事件中有明确的思想极化现象，极化背后是立场的"站队"和"归队"①。对于抗争性事件来说，公权力与私人之间的明确冲突，带来了二元化的"立场"选择，即是认同、站队"公"还是声援、支持"私"，后者似乎有了"群体的联结"，一种模糊的群体身份在话语结构中影影绰绰，即"弱势群体"，它很容易被演绎为某种"民粹主义"的暗流。但对于非抗争性的日常化事件来说，往往并没有这种公私二元立场上的站队选择，而是分散的、多元的观点与意见。事件的运动过程其实更加复杂：无数分散的观点是如何"汇聚"起来的？生活中几乎无所不在、无时无刻流淌着各种争议和不满，经由某种"过滤机制"，被呈现为网络热点事件的只是其中一二。在这张隐形巨大的过滤网中，筛选的原则、策略是什么？就日常化事件而言，基本都是"低政治敏感度"的，因此并非政治化的格栅在起作用，那么是什么让某些事件得以被"看见"？本章以2022年的人教版数学教材插画事件进行案例分析，使用ANT的方法去探查作为结果的社会变迁何以可能。

第一节　沉默的前奏：失败的联结、没有行动者

　　先对插画事件作粗略描述：2022年5月26日，"人教版数学教材"登

---

① 姜利标：《现实事件、网络话语和双重表达》，《青年研究》2017年第5期；董天策：《从网络集群行为到网络集体行动》，《新闻与传播研究》2016年第2期。

上热搜。舆论认为如此低劣的插画对儿童审美造成伤害。28 日,教育部回应整改,确保秋季学期使用新教材。30 日,教育部成立调查组。6 月初,舆论高潮期退去。8 月 22 日,教育部通报插画事件。8 月底新教材问世,事件基本平息,但仍有零星讨论。

一个非对抗性的、去政治的、文化审美层次的、关涉部分群体(学生家长)的非抗争性事件,为什么在短短几天内就能登上热搜引爆舆论? 相较于诸如"PX 项目""躲猫猫""邓玉娇事件"等"抓眼球"的抗争性事件,教材插画事件无疑是非常"平淡的"。那么它迅速成为热点事件的原因何在? 是什么引发了公众的兴趣? 换句话说,公众为何愿意作为行动者参与进事件中来?

如果我们只把 2022 年看作事件的起点就错了。当然,作为单独一起网络热点事件,它的确于 2022 年登上舆论的舞台。但作为"对教材插画不满"的一个"运动"的整体,它在长达八年的时间里前后涌动了三次。前两次的涌动是沉默的序曲,直到第三次,它终从寂静中"奔涌勃发"。在事件引爆之后,一些媒体回溯了该教材问题实则"历经近十年之久",引起颇多质疑:"快十年了为什么才受到重视? 之前事件被压下去了",等等。之前的"沉默"是被"压制"的吗? 是人们想象中的"利维坦式的权力"在起作用吗? 用 ANT 的视角去探查:同一议题,何以沉默? 何以奔涌?

2014 年 8 月 30 日,某网友发布微博:"真心觉得一部好的教材首先得有好的插画,拿到女儿六年级的数学课本,觉得现在的画家和编辑太不尊重孩子们的想法了……真猥琐";该微博配了三张图片,分别为六年级数学课本上册的封面、两张男孩绘画的插画,从图片看,配图上的教学内容没什么问题,但所绘的儿童远谈不上可爱,且画风奇怪。该条微博还艾特(@)了"教育之江"和"新浪浙江教育"。[①] 同年 9 月 12 日,有教师发邮件

---

① 该微博已删除,其当时的转发量、评论等情况无法得知。但据合理推断,此微博在当时没能引起关注。微博的具体内容参考其他论坛和相关网站的贴图。

给人民教育出版社教材编写者反映插画问题①。

　　2014 的第一次涌动结束。如何理解这次"失败"？

　　在 ANT 中,有着连接符"—"的"行动者—网路②"（actant-network）一词意味着 ANT 最核心的思想在于,行动力不是预先的,无法被先行给定③。它不是"我思"的理性主体所固有的行动能力,而是经验的、在彼此所结成的网路关系中才能萌生出行动能力,即必须先有网路关系,然后才有关系之中的行动者。而在 2014 年的第一次涌动中,网友、教师都是孤独的个体,微博没有关注和机构的回应,教师的邮件没有得到回复。没有一个网路被联结起来,也就没有关系中的行动者。在日常经验中,我们会认为发微博的网友、发邮件的老师都是行动者,他们都做出了对教材表达不满的确切行动;但从 ANT 的视角来看,当一个事实、一个社会存在被生成了,它总是作为一个运动的结果被生成的,这个运动的过程,就是网路联结中的行动者之间互相施力、合力、达成和修改目标的一连串的行动过程。目标越复杂、艰难,所需要的网路也就越大。为什么微博不了了之？我们暂时搁置,后面再进行对比讨论。

第二节　2017—2021 年的第二次涌动：有边界的网路生成了

　　2017 年 11 月 22 日下午,知乎用户 fifizoo 创建了问题："如何看待人

---

① 该邮件内容多网站有截图转载："尊敬的教材编写者：我是一名一线教师,发现新教材更贴近当下学生的生活,同时内容也做了一些相应调整,但是书中画的人物确（却）更为难看,一个个都很呆板,画风难以令教师和孩子们接受。甚至有的孩子开玩笑说,人物的面部一看就像弱智。所以恳请编写者对人物进行重新设计,多征求孩子的意见,打造一套各方面受大众喜欢的好教材！"参见 https://baijiahao.baidu.com/s?id=17345065367717701608_wfr=spider&for=pc。

② ANT 中的 network 通常是翻译为"网络"的,在前文中使用的表述也是"网络",但从这里开始,笔者将使用"网路"的翻译,为的是和互联网的"网络"区分开来,因为这一部会有大量的讨论,避免两者混淆。

③ John Law, *Organizing Modernity*, Oxford：Blackwell, 1994, pp.100 – 104.

教版小学数学插画风格？比如这样式儿的～～”，并附了四张教材插画（动物和儿童绘图各两张）和一张封底美编名单图。到 2021 年 3 月 21 日，该创建问题登上了知乎热榜。截至当日，问题共获网友 1244 次回答，也有一些网友在回答中上传插画图片，表达同样的不满，或者怀旧并上传其他版本好看的插画作对比。该问题目前①浏览量达到 1 044 万余次，获 1 385 次点赞。现在几乎无法检索到该知乎问题在 2017 年 11 月 22 日到 2021 年 3 月 21 日期间的数据。笔者根据某些数据推算，在 2017 年问题发布到 2021 年上热榜期间，该问题的回答次数仅百余次②。

　　这一次历时近四年的、缓慢的涌动，对于大多数人来说仍然是“寂静的”。首先，知乎是一个小众的平台，曾实行严格的邀请制，有实名审核的准入门槛，是较严谨的、追求高质量回答的、有一定深度的交流空间。在知乎上的问题有很长的生命期，通过主动检索或系统推送，问题不会快速淹没，这与微博的信息传播机制很不一样。另外，知乎热榜根据的是 24 小时内的浏览量、问题时长跨度等一系列数据加权后的热度值，因此我们就可以理解为何该问题在发布后的几年里仅百余次回答，却在三四年后突然登上热榜，这很可能与 21 日前几天的回答情况高度相关。

　　笔者找到在上热榜的两天前，2021 年 3 月 19 日，用户“電卓院亜紀良”发布了一篇名为“用四个字评价：精神污染。”的回答。其在该篇回答中认为此版教材插画的人物面部特征很像“21 三体综合征”（原文中为黑体字并有术语链接），也叫“唐氏综合征”；并拍摄上传高中生物教材《遗传与进化》第五章第三节的“人类遗传病”页面的照片，照片展示了生物课本

---

① 此数据截止到 2023 年 5 月 27 日，最新的评论日期为 2023 年 5 月 24 日，但 2023 年度的评论量仅 3 条，主要集中在 2022 年 5—9 月之间，其中 5 月的评论量最多。

② 根据知微数据发布的统计，截止到 2022 年 6 月 1 日 24 时，知乎该问题共有回答 1 288 个。但根据 2023 年 5 月 27 日知乎显示的相关数据，该问题回答共 1 244 个。其中，在知微数据统计之后，即 2022 年 6 月 2 日到 2023 年 5 月 27 日之间，回答共 52 个（已累计折叠数据），如果知微的统计数据是完整的，那么以此推算：因某些不明原因删除掉的 96 个回答，加上目前可统计到的 13 个回答（3 月 18 日 1 条，3 月 19 日 3 条，3 月 20 日 9 条），共计 109 个回答，为 2017 年 11 月 22 日到 2021 年 3 月 20 日期间的数据。

上对 21 三体综合征的患者和染色体的解说配图，答主还引述了对该病的临床表现的医学描述的部分段落。在回答的最后，答主通过之前的医学解释和配图，再次配图比较了人教版小学数学教材的画风，结论以黑体字指出："很不喜欢这套……教科书，就是因为这套书里面的小朋友个个看着都像是'先天性愚型'，简直就是精神污染……你们能不能找个正常点的画师？"该回答获赞高达 1.5 万个，喜欢 848 个，评论 428 个，在所有回答中非常突出（其他回答获赞数大多为个位或两位数，评论以个位数居多，喜欢为 0 居多）。这个高质量的"加精"回答在一两天内对提升问题热度起到了很关键的作用。用 ANT 的视野来分析这次涌动：

　　ANT 的行动素／行动者完全挣脱了在社会学诞生之初就抗拒物质和环境的、"纯社会"的社会本体论①，也超越了只看到人、以人为中心的人类本体论②，行动素包含了人类和非人类（non-humans）这两类"施动者"，它们是具有行动能力的任何实体。ANT 是对称性思考人与非人、社会与物质构成的社会理论③，人与物完全对称，没有谁更有优先权；而 ANT 本身是科技社会学的取径，它所关注的非人行动素主要是科技物，也因为此，批评者认为 ANT 忽视了对作为"文本"的物质的考察，由此缺失了文化维度的关怀④；但通过前文的分析，我们知道 ANT 本身具有批判性分析的理论潜力，且拉图尔早期也使用物质符号学（material semiotics）的方法去

---

① Talcott Parsons, *The Social System*, New York: Free Press, 1951; Anthony Giddens, *Central Problems in Social Theory: Action, Structure and Contradiction in Social Analysis*, Berkeley: University of California Press, 1979.

② Alfred Schutz, *The Structures of the Life-World*, trans. by Richard M. Zaner and Jr. H. Tristram Engelhardt, Evanston, IL: Northwestern University Press, 1973.

③ Bruno Latour, "Technology Is Society Made Durable", in John Law (ed.), *A Sociology of Monsters? Essays on Power, Technology and Determination*, London: Routledge, 1991, pp.103-131; John Law, "Notes on the Theory of the Actor-Network: Ordering, Strategy, and Heterogeneity", *System Practices*, Vol.5, No.4, 1992.

④ Nick Couldry, "Actor-Network Theory", in Klaus B. Jensen, Robert T. Craig (eds.), *The International Encyclopedia of Communication Theory and Philosophy*, USA: John Wiley & Sons, Inc., 2016, p.5.

分析文献在关系构成中作为物质元素所参与的科学再现（re-presentation）过程。① 因此，作为"文本"的物质完全可以用 ANT 来处理。

一旦媒介发挥出"转义"的效能，它就不只是一个再现的"技术"了②。在本次涌动中，知乎用户在 2017 年所创建的"知乎问题"，成为一个"非人"的"文本-物"的行动素，知乎要求所有的互动"回答"都必须紧贴"问题"，知乎的高门槛和小众精英化路线的平台调性追求高质量的"回答"，碎片的无效回答被较好地过滤掉了。因此，在 ANT 的视野中看，这不是一次普通的论坛互动，而是由该"问题"作为核心的"文本-物"的行动素，在它的四周环绕、关联起了其他的行动素。问题-回答 a；问题-回答 b；问题-回答 c……形成一个太阳光芒似的中心扩散的联结网路。在问题创建后的三年多的时间里，abc……缓慢地生成着，abc……之间也发生着一些关系，对"回答"的评论、点赞，或是对某回答认同后再作出的相似性的回答，这些就是彼此之间的关联。但在登上热榜之前，这个行动者网路的形成是缓慢的、较松散的。

关键原因在于该"文本-物"作为核心行动素并未能很好地实施第一次最为关键"转义"，而转义是网路之被构建的内在机制："如何看待人教版小学数学插画风格？比如这样式儿的～～"，它是一个单纯的提问，即"教材插画问题＝审美风格问题"，所上传的几张人物和动物的图片也强调了这是一个对审美问题的讨论。一个最重要的"转义"开启了它"征召"（enroll）"盟友"的使命。知乎问题设置本身的特点也使得提交回答的盟友的行为基本是可控、可预测的，首次转义任务的开启便意味着这个问题

① Bruno Latour, *Pandora's Hope*, Cambridge, Massachusetts: Harvard University Press, 1999; Lorraine Daston, "The Coming into Being of Scientific Objects", in Lorraine Daston (ed.), *Biographies of Scientific Objects*, Chicago, London: The University of Chicago Press, 2000, pp.113 - 114.

② Markus Spöhrer, "A Cyborg Perspective: The Cochlear Implant and Actor Networking Perception", in Markus Spöhrer, Beate Ochsner (eds.), *Applying the Actor-Netwerk-Theory in Media Studies*, USA: IGI Global, 2016, p.92.

所招募的"回答"也将基本都"限定"在"审美风格"的层面了。是的，这次核心"转义"实施了，也完成了，它在三四年间积累、建立了一个松散的关联网路，盟友们通过提交关于插画审美层面的回答而被"征召"、被吸收（enroll others），从而参与进事件的建构之中。①

而用户"電卓院亜紀良"提交的"回答"（"用四个字评价：精神污染。"）是对这个网路的一次重要延展和加速。"唐氏儿"画风的"精神污染"②，显然在很大程度上突破了第一次"审美"的转义活动，开启了第二次新的转义的征程，"教材插画问题＝精神污染"，该回答是"卓越的"，点赞和评论印证了它成功实施了"征召"，网路被迅速扩展了，且回答者之间的关联被加强，网路的"最关键之处不在于它的节点，而在于各个节点之间的线"③。这使得两天后，跨度历经三四年之久的问题终于登上热榜。

在该问题登上热榜之后，尽管有一些回答也已经跃出"审美"，开始对美编工作室等产生质疑，但新的转义并没能被很好实践，因为"回答"不同于"问题"，"回答"不是位处中心的行动者，只有足够优质才可能完成新的转义。且由于知乎平台本身的边界，热榜之后的网路边界仍无法扩展。从小众的知乎扩展到微博等平台在技术上是可行的，但最方便的"转发链接"也是"最不方便"的浏览和互动方式，它要求阅读者必须有 App 且可登录。而截图转发的方式对转发者而言又不够便捷，且优秀的深度回答也造成了"长截图"这种对浏览者不够友好的传播方式。另外，虽然"问题"作为非人行动者，以之为中心构筑了一个网路，但并没有更多优质的类似

---

① Bruno Latour，"Why Has Critique Run out of Steam? From Matters of Fact to Matters of Concern"，*Critical Inquiry*，Vol. 30，No. 2，2004.

② 这里的"精神污染"和后面的"唐氏儿"一样，帖子作者使用这些词并非有意贬低或贬损特殊群体，而是强调这些现象中对健康的中国儿童的病化行为，就像华人曾经被冠之以"东亚病夫"一样，并非对病人群体的冒犯，而是对一个特定对象的病化。从"审美"到"意识形态"节点的转义，其内部是一种广义的爱国情绪的发酵。

③ 李雪垠、刘鹏：《从空间之网到时间之网》，《自然辩证法研究》2009 年第 7 期。

问题被创建出来①，没有网路间的整合扩展，一个孤独的小网路的力量是
有限的，难以突破的网路界限也进一步限定了行动者的效能。权力的流
动、团簇、联结在网路的每一次转义运动的节点之中，整体网路固然是重
要的，但更重要的是汇聚成网的每一条"绳索"，它们成就了行动者之间的
关联，成就了行动本身。在一个有限的、缓慢的、局部联结的小网路中，力
与力的作用是有限的，权力如同安静的溪流，无法汇聚成江河奔涌。2021
年3月21日登上热榜后的该知乎问题，在3月份之后又很快回落到之前
的"平淡"，以每月数条新增回答的量缓慢延续着。

第三节　2022 年 5 月开启的第三次 涌动：强大的行动者网路 萌生出网络热点事件

一、第一次关键的"转义"实践

知乎优质用户"青陆"②在辅导孩子功课时偶然发现该教材插画问题，
颇感愤怒，2022年5月21日0点，其在知乎、今日头条和微信发布文章
《他们不但用眯眯眼恶心我们，还把小学课本的中国人形象画成了唐氏
儿，毒害我们的孩子》，该文章在各平台的阅读量总和短时间内超过百万。
这是一次极其重要的转义行动：

和2021年热榜之前的指出"精神污染"的知乎"回答"不同，"用眯眯
眼恶心我们""把中国人形象化成唐氏儿""毒害我们的孩子"——受害者
的"我们"，与隐晦的"敌人"被第一次置于光天化日之下。相形之下，"精
神污染"尽管也指向"唐氏儿"，但它是含蓄的、模糊的修辞，仍然在"画风"

---

① 笔者以不同关键词分别检索知乎，查找在2022年5月之前，是否有其他的相关优质知乎问题
和文章，并未发现。相关问题和文章都是在热点事件发酵的5月及之后出现的。
② 截止到2023年5月30日，"青陆"在知乎获得37万余次赞同、参与372次公共编辑、回答
1038次、发布文章76篇，是知乎优质高产用户。

的讨论上，没能完全超出"审美"的范畴；而这次的文章实施了最重要的转义实践，"教材问题绝不仅是审美风格的问题"，"教材问题＝'他者'对'我们'的故意伤害"。文章①里写到，"我们不禁要大声问：为什么你们要把课本里中国人塑造成非正常人的形象？""从小对小孩进行这样潜移默化的美学教育，难道不是要培养那种自我丑化的奴才世界观吗？这是很可怕的事情。"更进一步，问题的矛头也指向插画作者吴勇工作室，"只要我们仔细观察，会看到国外的势力会用各种形式在潜移默化地颠覆小孩的认知。"

　　这是一次意义非凡的"转义"实践。再回头看 2014 年的那条微博"……现在的画家和编辑太不尊重孩子们的想法了……真猥琐"，就会明白它为何没能开启一次网路的联结，非常模糊的语义，很小众的群体对象，这些都使得它很难"招兵买马"，且鉴于微博平台本身的特点，第一时间不能引起注意的信息就将迅速被信息的洪流所淹没；同样，2017 年的被限定在审美层面的转义，网路的延展力也受限。而 2022 年的转义实践，从两个方面打开了事件的发酵之旅：其一，僭越审美的、转向意识形态高度的转义；其二，"我们"是最大、最宽泛的群体，"我们"甚至是所有的中国人，"我们"是一个前所未有的潜在的巨大联盟，具有被转义所"征召"的条件。换句话说，我们又有什么理由拒绝"我们"？转义的征募是构成网路的核心机制，在最短的时间招募最多的盟友，就能成为最强大的行动者网络。这一次关键的、成功的转义实践，让"我们"可以站到一起：没有立场的极化，没有热烈的争议，只有团结一致的责问。2022 年 5 月 22 日，多名网友在微信小程序"假如我是委员"上提案建议修改该教材插画；23日，教育部等五个部门联合印发《关于教材工作责任的指导意见》；22 日、23 日、24 日，教材问题被用户们发布在知乎、抖音、微博平台，被大量转发、点赞和评论，其中有对老版和该版教材的对比图片整理。大量的分支

---

① 该文章在知乎上已被删除，但少数网站有截图转载。参见 https://www.aiziw.com/sszx-197668.html。

网路被迅速构成，网路间彼此缠绕关联，组成一个巨大的网路，并持续快速蔓延。热点事件必将被萌生。

二、把事件推上巅峰的第二次转义

一些微博用户就该教材问题发布博文并艾特多个大 V 账号，其中的一条尤为关键，它的后果是把事件热度推上了巅峰。25 日，用户"绘画博主"艾特了"乌合麒麟"①请其以专业眼光评判教材插画。乌合麒麟是知名插画师团队，作品数十次被国内外重要媒体转载和关注。乌合麒麟当天很快回应，认为画得差是因为经费不足，没必要上纲上线："……纯粹就是钱少找的画手画的烂而已，和什么审美衰退啥的没什么大关系，没那么多上升讨论的必要。"②这是事件运动的一次重要转折，乌合麒麟迅速陷入"围攻"并被"拉下神坛"；当晚，大量的教材插画新问题被一一揪出，其中包括国旗被画错、疑似日本战机、星条旗图案服饰、儿童性器官暴露、兔女郎色情暗示等一系列"惊天动地"的大问题，愤怒的网络舆论明确指向该教材插画有重大意识形态问题，绝非艺术水平层面的问题。

学者通常用"意见领袖"去解释网络大 V 在事件中扮演的角色。"意见领袖"理论隐含了大众和精英/大 V 的二元区分，前者数量庞大，但观点分散、虚弱、"群龙无首"，他们需要少数的后者成为其观点的领袖。意见领袖是掌握"网络舆论核按钮的信息传播核心主体"③，这是由"网络权力事实所造成"④的。权力是实体的，谁能更多地拥有、获取、利用信息资源，谁就是权力的一方，而大 V 正具备了成为意见领袖的资源条件。大众尽

---

① 截止到 2023 年 5 月 30 日，该大 V 账号拥有粉丝 340.7 万，关注 817 人。
② 乌合麒麟关于该事件的微博已全部删除，但很多网站有资料截图转载。
③ 孙洪：《试论"新意见阶层"与网络"意见领袖"：以新浪微博为例》，《新闻世界》2015 年第 1 期。
④ 宋辰婷：《互联网时代的权力演化趋势》，《社会科学研究》2017 年第 2 期。

管拥有传播和分享话语的权利①，但微博话语的实质管控权仍掌握在"传统社会精英手上"②；当然，大 V 也要站队公共舆论，否则会丧失网络环境中的优越位置③，但大 V 始终是主动的、优势的一方，"站队"也是出于主动性的信息策略选择。伴随"意见领袖"而来的往往是网络"议程设置"和"框架设置"（framing）的能力，在这种视角下，少数的、强势的、拥有优质资源的精英是网络洪流中的中流砥柱，他们是拥有权力的一方，可发起、控制、调节神秘的信息流速与方向。

但换成 ANT 的视角来看，则是另一幅很不同的景象：知乎用户"青陆"开启了第一次重要转义的征程，网路的迅速萌生与扩展，不是因为"青陆"是大 V（其是知乎优质用户，但并不算通常意义的大 V），而在于"转义"本身。在网路的迅速联结中，大众策略性地、主动地寻求"我们的伙伴"，大 V 要被"征召"来"我们的队伍"，专业的评论是"我们"的又一个铭文（inscription）。大众不需要引领他们的领袖，他们有自己明确的立场和态度，征召大 V 是一次网路联结扩展的加码行动，网路中的大众是主动的行动者。而"乌合麒麟"意外地没有加入"我们"，这次策略性的"征召"失败了，它必将引起愤怒——引起更强大的团结、关联、聚集，新的"转义"油然而生：不只是把"我们的"孩子画成"唐氏儿"，"他们"还暴露了更直接的问题，国旗画错、星条旗图案、性器官暴露等，这些都是无可推卸的"硬伤"。如果说"唐氏儿"的画风问题尚且勉强在审美层次，还留有空间的话，那么这些"硬伤"则完全是重大的意识形态问题。

新一轮的"转义"运动如火如荼地展开，对"吴勇工作室"的起底和责问是自然而然的。"审美"被远抛在上一个环节（moment），新环节的"意识形态"终于确立了它固若金汤的地位，如果事件运动到这个环节时，谁

---

①　彭兰：《微博话语权力格局的现实图画》，《人民论坛》2013 年第 10 期。
②　李飙：《微博中热点话题的内容特质及传播机制研究》，《中国人民大学学报》2013 年第 5 期；韦路、王梦迪：《微博空间的知识生产沟研究》，《传播与社会学刊》2014 年第 1 期。
③　姜利标：《现实事件、网络话语和双重表达》，《青年研究》2017 年第 5 期。

还在以"审美"作开脱，谁就不是"我们"的人。在这个转义的进程中，"我们"的强大不仅在于数量，还在于"我们"几乎是所有爱国的国人，因此"被征召"的人们是"忠诚"于这个网路的，行动者网路从而能获得稳定性①。"乌合麒麟"迅速进行了解释和道歉，这是必然的，当洪晃拿"审美"作辩护时②也必定会遭到国籍身份的质问……行动者网路跳出了所有整体性的、实体性的解释范式，这里没有"民粹"，只有转义的策略、征召、力量的"试炼"，"我们"是强大和团结的，这种力量的汇聚甚至"鼓舞人心"，也具有了正义感的色彩；但同时，"我们"也是具体的个体，是在网路中发文、评论、转发、点赞、浏览的每一个行动者，这里没有抽象的"情感"，更加没有掌控权力的"领袖"，只有确凿的、经验的、可把握的、不断变化着的网路形态和个体的行动者们。网路在权力的汇聚和流动中被迅速扩展，长成一个极其巨大的联结。事件的运动走到了巅峰。

第四节 行动者网路运动结果的逐步生成：网络事件中介下的存在变迁

该事件的巨大网路具有强大的生长力，在它的快速延展下，事件运动的结果逐步生成。行动者网路不是静态的，而是一个自始至终"运动着"的过程。所谓事件的"后果/结果"（reslut），它不是某种"一蹴而就"的东西，而是伴随着网路的发展、成就、变化而不断生发、积累和改变着的动态的进程。同时，这些"结果"也进一步促成网路的持续扩张，并可能激发出新的转义行动，但随着新转义进程的受挫、阻力，网路扩展的速度将放缓，

---

① Bruno Latour，"Why Has Critique Run out of Steam? From Matters of Fact to Matters of Concern"，*Critical Inquiry*，Vol.30，No.2，2004.

② 洪晃在 2022 年 5 月 26 日发博文称插画没什么问题，只是审美差异化而已。该言论受到网民强烈批评和驳斥，认为其为吴勇工作室"洗地"，洪晃的美国国籍身份也被扒出。5 月 26 日，洪晃发博文道歉。

直到事件基本平息。

随着第二轮转义行动的成功，网路以极快的速度扩展着，行动者网路成熟了，生成了它的第一个"结果"，少数的媒体①开始报道、评论事件，尽管事件在媒体的评论中严格限定在画风审美的层次，但媒体的介入本身，即是事件运动的初步结果，从平台的个体用户到媒体评论，这是一次对现实存在触碰的初步结果，结果同时又再一次被编织进网路之中，进一步加速网路的运动。很快，第二轮重要的结果开始萌生了，现实存在被网路更深地触动了：当天中午，人教社官方微博账号发布声明，已着手重新绘制部分插画并评估所有教材以提升质量。教育部教材局随即发声已介入事件调查。紧接着，央广网、《人民日报》等主流媒体在当天入场，插画的低劣品质得到权威定性。同时，这些"结果"又被编织进网路之中，官方机构和官方媒体也成为网路中行动者，且是重要的行动者，推促了更多的联结发生，新的子事件生成了，人教版之外的其他儿童绘本被陆续发现存在性暗示等明显问题并迅速得到出版社等相关机构回应和查处。

这是一个高度扩散、子网路之间高度关联的事件网路。"意识形态"的转义部署是事件网路行至当下的新环节，它意味着网路中的行动者必将对"意识形态"问题进行深挖与追究。事件的当事方从"人教社"收缩到"吴勇工作室"，换句话说，"我们"所质疑的不是抽象的官方机构，而是具体的个体。它使得事件获得了关键的色彩：这不是一起强冲突的抗争性行动，不是公权力与私主体间的强矛盾，而是一起日常化热点事件，是爱国的公民对某些私主体的质询和追责；尽管后者与公权机构之间有关联，但"我们"的愤怒更明确指向的是具体的个体，而非抽象的机构。这对事件的发展是极其关键的，它意味着"我们"能更好地获得权威机构的支持，或者说，一方面权威机构的介入是事件强势运动、中介之后的必然结果，另一方面权威机构能以"定性裁决者"而非受质疑的矛盾方"大大方方"地

---

① 凤凰网科技、新浪财经等少数科技媒体在 2022 年 5 月 26 日上午发稿《人教版数学教材火上热搜　网友吐槽插画太丑：歪嘴、斜视》，评论报道被大量转载。

介入其中，这在客观上是行动者网路运动的策略所致：从"审美"到"意识形态"，强力的网路形成了，更广泛的"我们"涌入关联之中，而"我们"是每一个"爱国的公民"，"我们"所质询的是对爱国的赤诚之心行伤害的他者。因此，权威机构将是"我们"最强力的盟友和见证者，而不是对立的他者。这是行动者网路权力流动的密语：哪些行动者能被"征召"？转义的策略在行动者网路中是多主体的，部署不是一个总体计算，没有什么"大V"能在高处挥舞旗帜，也没有什么"情感"和"主义"的抽象洪流，只有能见的、可勘察的多重力的交互。被认为是"胜利者理论"的行动者网路理论，其"胜利者"在 STS 研究那里，确实是"科技精英"的"霸权行动者"①，但在对事件的批判性研究中，却能够反转精英化的"意见领袖"视角，而让我们看到"弱势的"大众也可以主动地进入转义实践之中，"胜利者"跳出单一精英主体而成为多元的行动者联盟。

运动网路最终的结果是现实存在的变迁。重绘插画新教材问世、教育部通报事件调查结果，27 人受追责问责。在结果生成的过程中，也有新的转义曾"蠢蠢欲动"，5 月底教材从插画问题转移到内容上"夹带私货"的嫌疑②，以及 8 月底对新版教材绘图细节的再次质疑。但从"意识形态"到"夹带私货"的转义受挫了，两者在问题严重程度上极不对称，且根据当事人的几轮互攻信息，其中与个人恩怨也脱不了干系，尚在前者的"惊涛骇浪"之下的人们对于后者显然没那么强烈的兴趣；对于新绘图的再次质疑是失败的转义行动，同盟者不多，意见分歧了，很多人认为这是"吹毛求疵"。失败的转义，让网路编织逐渐收边，6 月初事件高潮过去，9 月事件基本平息。但相关话题一直有持续、零星讨论，各教材教辅的内容和图片

---

① 林文源：《看不见的行动能力：从行动者网络到位移理论》，台北"中央研究院"社会学研究所 2014 年版，第 53—58 页。

② 5 月 27 日作家郑渊洁连发博文批人教版语文教材主编曹文轩"夹带私货""既当裁判员又当运动员"；红星新闻 5 月 27 日报道，"郑渊洁表示'人教版的教材我一直是有看法的，不止是插画的问题，也不止数学的教材。有主编把自己的作品选进来，出问题是迟早的事……'"；6 月 1 日，语文教材总编温如敏发博文澄清并回应责控毫无根据、别有用心；郑渊洁迅速回呛且质疑其财产收入存疑。该事件在知乎等平台有少量讨论，互动较冷淡，没能激发舆论兴趣。

不当或错误等情况也时有曝光和讨论。作为一起网络热点事件，它已经结束。但作为一场中介现实的运动过程，它对现实进行中介的结果是持续的：不仅是新编教材的"物质结果"，更是人们对于青少年教育问题的警觉，公众敏感度的提升是事件运动最重要的"思想结果"，它不是短暂、"一过性"的，而是持久的"生成"。

本章使用 ANT 的方法，对非抗争性的日常化网络热点事件作了内部运动轨迹的探查，描绘出包括鲜为人知的沉默"前奏"在内的事件整体的运动过程，以及现实结果的生成。总的来说，事件是一个历时八年的漫长过程，运动在第二个阶段得以开启：第一个阶段是"静止"的，因为其中只有孤独的个体，完全没有行动素间的"联结"。第二阶段终于开启了"运动"进程，它可以分为两个运动环节，首先是知乎的环节，在模糊的"审美"的转义中发生了联结，但这是稀松的联结；而一个重要的转折发生了，从"审美"到"精神/政治指向"的转义迅速把不温不火的聚合推向知乎热榜的高潮，由此打开了第二个环节的运动，从知乎蔓延到全网，"意识形态性"的转义迅速点燃最广泛人群的爱国激情，"征召"大获全胜，且在对大 V 不合时宜的言论的强烈质询中推动转义的不断明朗与深化，使得联结愈加密集、快速及紧密。舆情热点事件可以结束，但联结的运动仍然持续，在这场事件中，"关爱'我们的'孩子"、对青少年思想的全社会自觉性守护成为一个"文化"的结果。

对于人教版教材插画事件，ANT 的方法不仅可以解释"成功"，也可以解释"失败"和"阻碍"，让我们看到为什么早在八年前，事件刚开始涌动就失败了，以及在之后的几年里，事件在知乎平台的第二次涌动也没能发酵成热点。人们习惯用利维坦式的实体权力压制或互联网技术原因去解读失败，这是行不通的；"权力"作为一种力的"试炼"，是一个动词，这是 ANT 的出发点①。在行动者网路的运动观照下，本文清楚地发现第一次

① Bruno Latour, *The Pasteurization of France*, trans. by Alan Shendan, John Law, Cambridge, MA：Harvard University Press，1988，p.158.

的涌动中根本没有"转义"的行动，因此网路无法被联结生成，自然就没有了网路中才有的行动者；第二次涌动中只有模糊的、有限度的"转义"，它决定了所"征召"的网路编织者也是有限的，且彼此之间难以发生密切关联，网路扩展速度受限。互联网技术的原因，不能笼统地一概而论，ANT方法使得技术平台的特点、作为"非人行动者/行动素"的核心网络文本可以放置在动态的、网路联结的运动中作具体的分析。ANT 提供了一种科学的、独特的方法论支持：在处理资料时，研究者先作一遍初步的资料搜集，再根据行动者网路生长过程中的一些关键"节点"去针对性地深挖材料，具有"顺藤摸瓜""有的放矢"高效处理材料的优势。在本章中，如果随着常规的时间线去搜集、铺展材料，容易陷入浩如烟海的零碎信息之中，"研究"被动地被"信息"牵着走。而使用 ANT 的方法，我们先初步获得基本资料，再根据行动者理论判断出在总体上大致有几次关键的"转义"运动，锁定几个基本"节点"后，有针对性地去寻找具体的材料，再对关键"节点"进行补充和修正。比如 2017 年的知乎问题，它究竟为什么在三四年后才登上热榜？了解到知乎热榜规则最关键的是 24 小时内的浏览情况，研究者就去爬梳该问题在热榜之前的回答帖，挖掘到某用户发布的"用四个字评价：精神污染。"的加精回答，其迥然不同于"问题"停留的审美层次，而发生了一次"转义"，是该知乎问题在发布三四年后登上热榜的直接原因。另外，研究者需要知道在登上热榜之前该问题的互动情况，而在信息被删除的情况下，可以有针对性地通过相关数据的统计和推算，发现上热榜之前的三年多时间内，互动回答只有 109 条。那么，上热榜前两天的"用四个字评价：精神污染。"的回答发布，可以明确推断为是"转义"发生的一次重要节点。这是通常的质化和量化方法所不能及的，同时作为理论视角和方法论的 ANT，使得研究者可以科学地、高效地搜集、处理、分析材料。在事件的分析上，我们不用受时间之线的牵制，ANT 的视野让研究者可以从内在运动的角度，根据关键的几次"转义"进程"提拎"出事件运动的几个"环节"，每一个环节都是对上一个环节的包容、否定和超越，"意识形态"环节从初步展开到彻底确立，经历了两次关键转义行动的推动，它是对上一个"审美"环节的超越；因此，当事物运动到了新的环节时，如果还有人以上一个环节的策略去施动，他就必然会被这个环节所抛弃。在本章的分析中，乌合麒麟、洪晃的"不合时宜"就是很好的例证。ANT 为事件研究提供了全新的理论支持和经验方法论的支撑，它具有很强的解释力，对于不同类型的事件运动过程的研究都有强包容性。它是一种理论视角，更是一种可操作的、经验的研究方法[1]，可对资料和数据作科学的处理。

在对网络事件的研究中，较常见的是网络"意见领袖"、"框架"设置、"集体情感"等理论资源，但 ANT 的视野和方法揭示出另一幅完全不同的场景：大众不需要精英作为其"意见领袖"，反过来，大众可以主动地、有策略地"征召""大 V"；也没有抽象和整体性的"情感"或某种"主义"神秘推动事件的发展，只有切实的、可查明轨迹的转义行动的具体进程。哪些人加入，为何加入，网路是否具有稳定性，网路如何扩展延伸，网路在发展的过程中有哪些关键节点，节点之间的哪些联结最为紧密……这些都是在掌握了充足的经验材料后可以被探明的。当然，本章的案例研究用 ANT 方法所发现的作为行动者的"主动的"大众、去"意见领袖"理论的"精英-大众"二元的底色，并不能验证它具有普适性。但其对事件的个案研究的确发现了不同于主流解释机制的新的运作方式，而"任何以解释为导向的社会科学都必然会涉及对具体案例的研究。在像社会这样的开放系统中，任何事件都产生于不可预测的方式互相作用的多种机制。由于我们对基本机构或机制的唯一接触是通过经验性的事件实现，解释性的案例研究成为社会分析的一个不可或缺的部分"[2]。ANT 带给研究者的

---

[1]　Bruno Latour, "On Recalling ANT", in John Law, John Hassard (eds.), *Actor Network Theory and After*, Oxford: Wiley-Blackwell, 1999, pp.12 - 25.

[2]　George Steinmetz, "Odious Comparisons: Incommensurability, the Case Study, and 'Small N's' in Sociology", *Sociological Theory*, Vol.22, No.3, 2004.

是完全从内部出发的、对运动轨迹的描绘，这是一种全新的方法和思路，当更多的案例研究采纳 ANT 的"新范式"，新的发现会得到进一步的探查与细化。ANT 是社会科学研究重要的理论和方法论资源，尽管 ANT 已从科技社会学领域溢出，它的理论资源也被不断开发和应用，但在事件运动的社会学研究中，ANT 的引入还很不充分，本章以案例展示 ANT 新颖强大的分析能力，希望能以此抛砖引玉，引起更多关注。

本章演示的案例是非抗争性网络热点事件，虽然 ANT 的适用面很广泛，抗争性事件当然包括在内，但本章认为在当下的技术时代，网络是现实存在的强中介，这是在黑格尔的中介概念上来谈的，现实存在（beings）经由网络的运动实践而生成。因此，网络事件的要义已不在于它是否是现实原发事件的"真值"再现、是否能带来线下行动等，而在于网络热点事件本身就是使得我们的现实生活"是其所是"的那个中介运动的过程。本章选用了非抗争性的日常化事件为研究对象，意在强调非强冲突的、不必一定延伸到线下生活的日常化事件，是更"常态的"、更普遍的、更潜移默化地影响了现实生活存在的实践运动过程。生活的变迁，现实实存的生成正是这些常态化事件运动的结果。在 ANT 的理论视角下，一个热点事件之为可能，就在于它能够通过转义的机制、策略构成一个富有生命力的网路（network），而正是有了这样的网路，才有了其中的行动者——可以是普通的、多数的、具体的公众的一员，也可以是一个重要的网络文本（博文、知乎问题、抖音视频等），它们联结成一张运动之网，事件因此总是"运动的"、发展中的事物，当这张网路足够成熟时，结果就开始被生成了，同时又进一步补充进网路之中，推动网路的更快发展，也生成更多、更重要的结果。ANT 给予研究者的运动观是新颖独特的，我们更深入地看到网络事件与现实存在之间的内在生成性关联。人教版教材插画事件作为一个热点本身，有画上休止符的那一刻，但作为一次中介现实存在的运动实践，它是一个逐渐收缩、减缓，但仍未消逝的网路，它带来的现实存在的变迁不只是"物质结果"的教材重编，更是"思想结果"的公众对青少年教育问题的警觉。许许多多看上去"微不足道"的变迁，构成了我们的社会实存的持续和变化，在强冲击力的抗争性事件之外，更多的正是这样的日常化事件，它们值得被研究者重视，且需要更新学术分析的"工具库"。

后　　记

　　这是我的第二本专著,完稿之际并没有感到轻松,而是伴随着忧虑、忐忑也有期待的复杂感受。忧虑的是接下来的学术道路该怎么走好;忐忑的是已完稿的文字中仍有不少地方是自己不够满意的;期待的是未知、勇气和自己可能具有的潜力。我的第一本专著是由中国大百科全书出版社于 2020 年出版的《传播学遇见福柯:一种新的质询》,那是在博士论文的基础上修改而成的,是我上一个阶段的研究成果。福柯的理论,是我整个研究得以铺展开来的内在关照。我曾经对自己说,我要与福柯阔别,只有阔别,才能更好地相遇。因为"阔别",我才可以去尝试建立更完整的知识图谱,而福柯的理论,却是我无论走得多远都不会忘却的那个"召唤"——在这本书里,无论是走在阿伦特或哈贝马斯的交往理论中,还是为行动者网络理论而着迷,影影绰绰都离不开福柯,他的问题永远在我脑际回响:"人何以可能? 人如何可能自我僭越? 人是如何被构成的? 权力的运动是怎样的?"这些问题让我自然而然地关注权力——关注作为动词的,永远流淌、运动着的权力关系,关注传播与交往中的权力是以怎么样的方式进行的,关注个体与社会是如何被"生成"的。在本书采用的交往理论、福柯话语理论和行动者网络理论这三条理论路径中,福柯理论起到的是"铰链"的作用。它一方面与交往理论对话,社会的生成只能是在权力永恒的战斗中发生的,诉诸商谈原则的交往只是乌托邦的理想;另一方面又与行动者网络理论相交,后者接续了运动的权力观,但擦亮了在福柯那里"模糊不清"的人的面貌,"行动"与"权力"可以同时被关照。

　　对于这本书的题目，我斟酌了许久，主要是在最后一个词上。最终我选择了"绘制"，我想这是对权力运动和社会生成的内在场景来说，最为妥帖的一个词吧。尤其对于行动者网络理论来说，其是一种方法更甚于一种理论，拉图尔甚至拒绝使用"分析"这个表述，因为在 ANT 看来，研究者绝不可以拿自己先在的、某种"高高在上"的"专业知识"俯瞰式地去处理活生生的对象，而只有老老实实地记录、白描、跟随对象，去了解他们的行动、他们如何在行动中成为自身。因此，当诸如"考察""探查""研究"这些词最初蹦出来的时候，我又一个个否决了它们。考量许久，选用了"绘制"一词——我就像一个勤恳的测绘员一样，忠诚地记录下我的对象的行动。这是 ANT 的思维方式，同样，也是福柯的，福柯用犀利的目光捕捉到权力运动的具体轨迹，是印迹、是搏斗的痕迹、是具体而微的局部。

　　书里的不少文字在修改、压缩后被发表和转载过，也有幸获得过几次上海新闻论文奖，在这里要感谢《国际新闻界》《新闻界》《现代传播》《新闻记者》《人大复印资料》等刊物，每一次投稿的经历也是论文质量得到进一步提升的过程，转载和获奖也给予了我更多的信心。其中也收到过一些读者的邮件，非常高兴可以以这样的方式交流，让我感到自己的研究工作是有意义的。在工作中，我经常会停下来问自己，研究的意义是什么呢？倘若只是单纯地热爱（当然，我的确热爱读书和思考，也热爱这样的生活方式），那么这似乎还是不够的——我更希望自己可以"做点"什么，可以对现实实存真切地"发力"，可以"触碰"到哪怕一斑半点什么现实的东西。这种"希冀"也潜移默化中影响了我的学术路径：我很喜欢做基础理论的研究，也心甘情愿坐学术冷板凳、啃生涩的文献，但我想，理论本身也许不是目的和终点，我更想做的是在理解透某个理论之后，可以以之为观察的视野和工具，去处理真实社会生活中的问题。在这本书中，我把中国《民法典》、改革开放后社会道德的变迁、环保观念的演变、一度引爆舆论的热点事件等作为我的研究对象，这都是我为了理论可以"落地"而作出的努力与尝试。任何看上去艰涩、恢宏、"了不起"的理论，都来自对人类历史和现实生活的关切，抽象宏大的理论背后，藏着伟大思想家对人类与生命的爱。因此，理解、吃透一个理论本身不是目的，它只是让我们更透彻地理解现实生活，并将理论作为尝试处理复杂和具体问题的"学术武器库"。尤其对于偏重经验的传播学学科而言，"进得去"还是为了"走出来"，首先耐住寂寞"进"入理论通幽处，夯实功力，再"走"到现实问题之中，扎扎实实地提出真问题、处理真问题。当然，做学术有很多不同的路径，这只是我个人希望去走的路、寻求的"意义"而已。

这也是我在完稿之时觉得"忧虑"的原因，我担心自己做得不好，或者因各种困难而难以坚持。学术之路是没有尽头的，相形之下，个体的一生是多么短暂，我无法去预设什么，只能在前行的每一步都怀着敬畏与热爱之心，希望我写出的文字能对得起读者所花费的时间。

作者于上海浦江

二〇二四年春节前夕

图书在版编目(CIP)数据

媒介与社会生成 ：从交往、话语到行动的绘制 / 李
敬著. -- 上海 ：上海社会科学院出版社，2024.
ISBN 978 - 7 - 5520 - 4451 - 5

Ⅰ. G206.2

中国国家版本馆 CIP 数据核字第 2024J3A481 号

媒介与社会生成：从交往、话语到行动的绘制

著　　者：李　敬
责任编辑：陈慧慧
封面设计：黄婧昉
出版发行：上海社会科学院出版社
　　　　　上海顺昌路 622 号　邮编 200025
　　　　　电话总机 021 - 63315947　销售热线 021 - 53063735
　　　　　https：//cbs.sass.org.cn　E-mail：sassp@sassp.cn
排　　版：南京展望文化发展有限公司
印　　刷：上海万卷印刷股份有限公司
开　　本：710 毫米×1010 毫米　1/16
印　　张：12
字　　数：168 千
版　　次：2024 年 8 月第 1 版　　2024 年 8 月第 1 次印刷

ISBN 978 - 7 - 5520 - 4451 - 5/G · 1332　　　　定价：68.00 元